좋았다면 추억이고

나빴다면 경험이다

좋았다면 추억이고
나빴다면 경험이다

김민성 지음

일도 인간관계도 버거운 당신에게

RISE

Chapter 5.

새로운 시작을 앞둔 당신, '새로운 나'를 찾아라

프롤로그

나는 부정적인 사람이었다. 지금도 그렇지만 내가 취업을 준비하던 2013년 역시 극심한 취업난으로 모두가 힘들었다. 일자리가 없어 미래가 불안한 상황에서 난 취업에 유리한 대학이나 학과를 나오지 않았다. 오히려 구직 활동과 크게 상관없어 보이는 순수예술 분야, 그것도 무용을 중고등학교부터 대학교까지 전공했다. 게다가 전체 무용학도 중 남자 무용수는 극소수였다.

이런 악조건 속에서 매사 부정적일 수밖에 없었다. 그렇다고 취업을 포기할 순 없고, 암담한 현실에서 하루하루 불안한 날들의 연속이었다. 결과적으로 취업에 성공했지만, 사실 난 취업을 못 할 줄 알았다. 덕분에 작은 일에도 언제나 감사함을 느낄 수 있었고, 그 작은 힘은 나비효과가 되어 나를 조금씩 변화시켰다.

세계 4대 성인(聖人) 중 한 명인 공자(孔子)도 삶의 여건이 좋지 않았다고 한다. 공자는 집이 너무 가난해서 어려서부터 온갖 궂은일을 다 해야만 했는데, 지금으로 따지면 안 해본 일이 없는 '프로 열정페이러'였다. 똑같은 일이어도 다른 이들은 돈 받을 생각만 하면서 책임감 없이 일했지만, 공자는 모든 일에 적극적으로 임했다. 그러면서 그는 끊임없이 세상을 배워나간 것이다.

아이작 뉴턴(Isaac Newton)은 인류 역사상 위대한 과학자 중 한 명으로 꼽힌다. 하지만 그의 어린 시절

성적은 꼴찌에 가까웠다. '뉴턴의 사과' 이야기를 알 것이다. 정원에서 휴식을 취하던 뉴턴이 사과가 땅으로 떨어지는 걸 보면서 '왜 사과는 땅에 수직으로 떨어질까?' 의문을 가졌고, 한참 궁리한 끝에 만유인력의 법칙을 발견할 수 있었다.

사과가 떨어지는 것은 주변에서 쉽게 볼 수 있는 평범한 경험에 속한다. 그런데 뉴턴은 이런 평범한 경험에서 위대한 발견을 한 것이다. 이처럼 공자나 뉴턴이 위인으로 불리기까지 그들의 성장 환경이 좋았다고 할 수는 없다. 그런데 대부분 성공한 위인들은 환경 탓을 하지 않았다. 오히려 어렵고 힘든 상황에서 자신이 통제할 수 있는 노력에 집중해서 새로운 패러다임을 만들었다.

예전에 난 성공한 사람을 볼 때마다 '분명 금수저일 거야', '원래 능력이 좋았겠지'라고 생각했다. 또 내가 실패할 때는 '나는 집에 돈이 없어서 그래', '더 좋은 학원에 다녔다면'이라 여기며 주변 상황을 탓했다.

심리학에서는 이것을 '기본적 귀인 오류(Fundamental

Attribution Error)'라고 한다. 오스트리아의 심리학자 프리츠 하이더(Fritz Heider)의 이론으로, 개인은 자신의 내부 세계와 외부 세계 사이에 일관성을 유지하려는 경향이 있다는 것이다. 즉 사람은 자기 생각이나 행동이 주변 환경과 일치하면 안정감을 느끼지만, 일치하지 않을 때는 불안감을 느낀다.

쉽게 말하여 '내가 하면 로맨스, 남이 하면 불륜'이라는 것이다. 당시 나의 이런 태도는 남이 나를 좋아하지 못하게 만들었고, 내가 나를 사랑하지 못하게 만들 뿐이었다.

나는 지금도 완벽한 사람이 아니다. 그러나 두 가지를 깨닫고 행복한 사람이 되었다.

첫째, 좋았다면 추억이고 나빴다면 경험이다.

둘째, 중요한 것은 꺾이지 않는 마음이다.

클리셰 범벅인 이 두 문장이 지금의 나를 바꿔 놓았다. '클리셰'란 뻔하고 진부하다는 말이지만, 그만큼 어떤 시대에도 통용되는 진실에 접해있다는 말이기도 하다.

나는 어떤 경험도 부정하지 않는다. 그리고 어떤

경험을 해도 꺾이지 않기 위해 최선을 다한다. 그게 지금 이 자리에서 내가 할 수 있는 전부이기 때문이다. 당신들 또한 마음에 무기처럼 잘 연마된 문장들을 되새길 수 있기를 진심으로 바란다.

김민성

CHAPTER 1

나 자신을
인생 최고의
목표로 삼아라

01

미움받고 있다면 잘하고 있다는 증거다

당신이 만약 지금 주변 사람들이나 동종업계 사람들의 미움을 받거나 욕을 먹고 있다면, 그건 너무나도 잘하고 있다는 증거다. 물론 그 이유가 약속 시간에 늦는다거나 거짓말을 하고, 해야 할 일을 못 해서라면 당장 그 행동을 고치고, 반성해야 한다.

그러나 내가 할 일에 최선을 다했고, 남에게 피해 주지 않았는데도 유독 나만 미워하거나 따돌리는 느낌을 받는다면, 당신은 전혀 주눅들 필요도, 행동을 고칠 이유도 없다.

역사적으로도 라이트(Wright) 형제나 토머스 에디슨(Thomas Edison), 일론 머스크(Elon Musk)와 같이 그 시대의 새로운 패러다임을 만들어 인류의 번영을 이끈 사람들은 모두 처음에 '미친놈' 소리부터 들었다.

"사람이 하늘을 날 수 있다고? 정신 차리고 네 일이나 똑바로 해!" (라이트 형제)

"캄캄한 밤에도 환하게 지낼 수 있다고? 어서 잠이나 자!" (토머스 에디슨)

"자동차가 전기로 움직인다고? 헛소리하지 말아!" (일론 머스크)

지금은 위인이라 불리지만, 그들도 처음에는 이런 소리부터 들었을 것이다. 그런데 주목할 것은 훌륭한 업적을 이룬 위인들은 모두 평범하지 않은 생각에서부터 시작했다. 그 평범하지 않은 생각을 응원해 주는 이들도 있었겠지만, 대부분 부정하고 질투하는 사람들이었을 것이다.

만약 앞서 말한 라이트 형제, 에디슨, 일론 머스크

가 주변 사람들의 비난과 질투에 무릎을 꿇었다면, 평범하게 지냈다면 과연 위대한 발명을 했거나 지금 우리 머릿속에 뛰어난 인물로 각인되었을까.

나는 위인도 아니고, 스스로 생각했을 때 크게 성공한 사람도 아니다. 하지만 나의 신입 쇼호스트 시절을 되돌아봤을 때, 당시 나는 늘 이런 생각을 했다.

'왜, 평범하게 해야 하지?'

'왜, 하던 대로만 해야 할까?'

'이렇게 하는 건 나다운 게 아닌데….'

나는 이전 방식과는 다른 '나만의' 방식으로 일하기 시작했다. 예를 들어 바지를 구매하려는 고객에게 편안함을 전달하고 싶어서 홈쇼핑 생방송 중에 다리를 찢었다. 명절에는 단순히 음식 판매만 하지 않고, 음식 장만하는 사람들의 스트레스를 풀어주고 싶었다. 그래서 한복을 차려입고 살풀이춤을 추며 이렇게 말했다.

"고객님, 명절 음식 만드는 한(恨)을 제가 이 완제품 갈비로 한풀이해 드리겠습니다. 그냥 구워서 드

시기만 하세요!"

결과는 대박이었다. 하지만 주변의 시선은 냉정했다.

"왜 저렇게까지 하냐."

"정말 미친 거 아니야? 너 물 흐리지 마."

"네가 그렇게까지 하면 나도 해야 하잖아."

"말 실력이 없으니 저렇게까지 하네. 추하다 추해."

당시 내 삶은 절대로 순탄하지 않았다. 나쁜 이야기를 많이 들었고, 심지어 회식 자리에서는 대놓고 비난받기 일쑤였다. 하지만 나는 결코 주눅 들지 않았다. 오히려 비난 섞인 이야기를 들을 때마다 '나는 지금 동종 업계에서 새로운 패러다임을 만들고 있구나', '내 방향이 맞았구나'라고 생각하며 스스로 위안했다.

솔직히 그 시간이 힘들지 않았다면 거짓말이다. 그러나 새로운 시도를 하는 게 정말 즐거웠고, 진심으로 행복했다. 한편으로 냉정하게 말하면, 새롭게 뭔가를 시도할 용기조차 없으면서 비난하기에 급급

한 그들이 안쓰러웠다. 그리고 도전하는 동료에게 '나는 선배여서, 나이가 더 많아서'라는 이유로 손가락질하고 뒷담화하는 그들이 못나고 잘못됐다고 생각했다.

대개 그런 행동을 하는 이들은 내가 딱히 반응하지 않아도 다른 사람들에게 계속 같은 잘못을 할 것이고, 결국 그들의 인생 결과는 좋지 않을 것이라 확신한다. 반대로 내가 새로운 패러다임을 만든다면 주변 사람들이 불편해하는 것은 당연하다. 본래 사람들은 자신에게 익숙한 것을 선호하지, 환경이나 여건 등 뭔가를 바꾸는 것에 반감을 느낀다.

이것을 행동경제학에선 '현상 유지 편향(Status Quo Bias)'이라고 한다. 사람들이 어떤 결정을 할 때 과거의 경험에 의존해 현재 상황을 유지하려는 것을 말한다. 예를 들어 자신이 해보지 않았던 일이나 새로운 직업에 잠재된 위험을 두려워해서 현재 직업이나 하는 일에 불만족해도 그만두지 않고 일한다.

좋은 신제품이 나와도 내가 원래 쓰던 제품이 익숙해서 신제품이 더 불편하게 느껴지거나 단골식당에서 늘 앉는 자리를 찾는 것도 마찬가지다.

어찌 보면 '특별함'이란, 평범한 다수에게는 당연히 느껴지는 불편함일지도 모른다. 그러니 내가 새로운 뭔가를 시작했을 때 주변 사람들이 불편하게 받아들일 수밖에 없다는 것을 인지하고 받아들여야 한다. 그리고 새로운 패러다임을 제안하고 싶다면, 남들보다 몇 배로 노력하고 더 준비해야 한다. 더 늦지 말고, 더 철저히 준비하고, 더 실수하지 않고, 완벽에 가깝게 준비하라.

내가 전하려는 핵심은 '내 인생'이란 영화에 엑스트라조차 안 되는 방청객(타인)들에게 반응하지 않기 위해서 나에게 더 집중하고, 또 집중하자. 훌륭한(?) 방청객들이 내 주변에서 "네가 가는 길은 스타로 가는 길이야"라고 응원의 말을 해주고 있지 않은가. 그러니 이제는 내 인생에 집중하고, 목표 달성에 몰입하면 된다. 내 인생의 주연 배우는 바로 나니까.

*

다른 사람의 시선을 신경 쓰면서 어떤 일에 대해
'가능성'이라는 여지를 남겨두려 하지 마라.
그렇게 되면 평생 그 일을 미루게 될 것이다.

_알프레드 아들러(Alfred Adler)

02

돈 없고 백 없어도 성공하는 방법

나는 열등감 덩어리였다. 중고등학교와 대학교 시절, 열등감에 빠져 핑계 대기 일쑤였다. 무용학도였기 때문에 자주 '나도 비싼 레슨을 받았더라면, 좋은 선생님 라인이 있었으면'이라 생각하면서 내 실력이 부족한 이유를 모두 집이 잘살지 못하는 것으로 돌렸다.

그런데 이것은 핑계이기도 했지만, 사실이기도 하다. 10층짜리 건물에서 누가 먼저 올라가는지 시합

한다고 가정해 보자. 지상 5층부터 출발하는 사람과 지하 5층부터 출발하는 사람의 결과가 다르듯 실력 차이가 나는 건 당연하다.

그렇게 나는 주눅이 들고 더 소심해져만 갔다. 그리고 이런 열등감은 비단 무대에서만 느끼는 게 아니었다. 내 동창생들은 예술을 하는 친구들이라 잘 사는 부자들이 많았다. 그렇다고 그들이 나를 대놓고 무시하거나 자기들과 비교하지는 않았다.

하지만 학교 수업이 끝나고 밥 먹을 때나 술자리 등 모임을 할 때, 나는 서서히 멀어질 수밖에 없었다. 함께 돈을 내야 하는데 그들과 비슷하게 돈을 낼 수 없었으니, 그들도 나도 서로 부담이었다.

이런 환경에서 나는 학업으로도 대인관계로도 절대로 성공할 수 없겠다고 여기며 살아갔다. 그러면서도 '내가 왜 패배자여야만 하지?', '분명 다른 길이 있을 거야', '새로운 길이 없을까?'를 항상 생각했다.

그러던 어느 날, 친구들이 술 마시고 모임을 할 때였다. 돈이 없었던 나는 그날도 언제나처럼 '나는 술 안 좋아해서 먼저 갈게' 말하곤 집에 일찍 돌아왔다.

그래서인지 아침 수업 시간에 일찍 올 수 있었고, 일찍 왔다는 이유 하나만으로 성적이 좋은 걸 보고 깜짝 놀랐다.

그 순간 '이거다' 싶었다. 돈과 상관없이, 내 배경과 상관없이 누구나 동등한 위치에서 평가받을 수 있는 단 하나의 평등한 과목이 있었다. 바로 '시간'이다. 아무리 돈이 많아도, 비싼 레슨을 받아도 수업 시간에 늦거나 특강에 참석하지 않는 동기는 나보다 좋은 점수를 받지 못했다.

이때 깨달았다. 돈도 백도 없는 내가 성공하려면 시간에 목숨 걸고 몰두해야 한다는 것을 말이다. 그 후로 나의 시간은 남들보다 15분 정도 빨라졌다. 약속 시간이나 미팅 시간에 무조건 15분 먼저 간다. 그러면 어떤 상황에서도 상대방보다 여유를 가질 수 있고, 그 여유는 나를 유리한 상황으로 이끌어 준다.

모든 상황에서 자리를 선점한다는 건 엄청난 의미가 있다. 예를 들어 야구 경기의 승률은 적진에서의 승률보다 홈그라운드에서의 승률이 훨씬 높은 것을 볼 수 있다. 2002년 한일 월드컵에서 대한민국이 4

강에 진출하고, 올림픽을 주최하는 나라가 금메달을 유독 많이 가져가는 것도 자리를 선점한 '홈그라운드 효과'라고 할 수 있다.

어쩔 수 없이 사람은 익숙한 곳에서 더욱 편안함을 느끼고, 자기 능력을 최대로 발휘할 수 있다. 따라서 어떠한 상황이라도 상대방보다 먼저 자리를 선점하고, 그곳에서 여유를 찾는다면 언제나 유리한 상황을 만들어 갈 수 있을 것이다.

게다가 만약 상대방이 늦는다면 차라리 내게는 더 큰 행운이다. 사람은 누구나 약속 시간에 늦으면 약속 장소에 가는 내내 불안하고 초조한 마음이 든다. 반면 먼저 약속 장소에 도착해 자리를 선점하고, 이미 그 장소에 적응한 사람은 편안한 마음이다. 두 사람을 비교했을 때 누가 더 유리할까?

시간의 중요성은 아무리 강조해도 지나치지 않다. 한창 놀기 바쁜 20살에 내가 주변 친구들보다 빠르게 성장할 수 있었던 비결은 집안 환경이었다. 남들보다 잘살지 못했던 집안 환경이 오히려 내게 시간의 중요성을 깨닫게 해준 것이다. 그리고 내 인생의 성공에 밑거름이 되었다.

물론 내가 아직 대단한 성공을 이룬 건 아니지만, 목표는 언제나 성공이다. 또한 성공한 사람들은 대부분 시간의 소중함을 알고 철저하게 지킨다는 것도 사실이다. 기억하라. 시간은 누구에게나 공평하게 주어지지만 소비하는 건 각자의 몫이다.

당신은 자신에게 주어진 시간을 어떻게 소비하고 있는가?

*

어느 분야에서든 세계 수준의 마스터가 되려면 1만 시간의 연습이 필요하다. 1만 시간은 대략 하루 3시간, 일주일에 20시간씩 10년간 연습한 것과 같다. 완벽한 재능을 타고난 사람은 없다. 그 어떤 재능이든 완전하게 발달하고 표현되려면 엄청난 양의 연습이 필요하다는 것이다.

_말콤 글래드웰(Malcolm Gladwell)

03

갑자기 일이 줄어들고 인간관계가 끊긴다면

20대 시절에 자주 가던 단골 가게가 있다. 서울 지하철 2호선 낙성대역 근처 골목에 있는 '멍텅구리' 술집이다. 옛날 분위기에 안주 맛집으로 알려진 곳이다. 그곳에 가서 "이모, 저 다이어트 중인데 안주 안 시키고 맥주만 마셔도 괜찮아요?"라고 물어본 후 맥주 한두 잔만 마시는 게 당시 나의 낙이었다.

사실은 다이어트 때문에 맥주만 마신 게 아니라

돈이 없어서 안주를 못 시키고 맥주만 마셨다. 물론 돈이 전부는 아니지만 자본주의 사회에서는 누구도 돈 문제에서 벗어날 수 없다.

그런데 더 큰 문제로, 대부분의 사람들은 갑자기 일거리가 줄어들거나 주변 인간관계에 빈자리가 생기면 '감정'이란 공간에 빈 곳이 생기기 마련이다. 그러면 허무한 나머지 나도 모르게 그 공간에 외로움, 질투, 의심 등 부정적인 감정을 채워 넣는다. 나에게도 일과 돈이 없어서 정말 힘든 시기가 있었고, 나 또한 마찬가지의 감정을 느꼈다.

'내가 뭘 잘못했을까?'

'그때 이렇게 했더라면 지금 일이 많았을까?'

'내 어떤 행동이 나를 이렇게 비참하게 만들었을까?'

수많은 상념이 머릿속에서 엉켜 혼자 술을 마시거나 불면증에 시달렸고, 부정적인 생각만 하는 악순환의 연속이었다.

그러던 어느 날, 데일 카네기(Dale Carnegie)의 《자기관리론》에서 이런 구절을 읽었다.

'바쁘게 사는 것이 최고의 정신질환 치료제 중 하나다.'

생각해 보니 당시의 나는 너무 무기력한 나날을 보내고 있었다. 내 인생에 일이 전부는 아닌데 말이다. 그 후로 조금이라도 불안함이 밀려오면 책을 읽고, 사람을 만나고, 누군가는 가치 없다고 여기는 일에도 나는 진심을 담아 몰입했다.

나의 관점을 바꿔보니 일이 줄어든, 즉 방송 개수가 적은 게 아니었다. 방송 하나하나에 더욱더 집중하고, 철저하게 준비할 수 있는 기회였다. 그때부터 나는 틈만 나면 '소비자 심리학'과 '행동경제학' 분야의 책들을 읽었고, 꾸준히 운동하기 시작했다.

그러자 놀랍게도 나의 상황은 점점 바뀌었다. 판매 관련 서적들을 많이 읽다 보니 홈쇼핑 생방송에서의 멘트 실력이 늘었다. 또 운동을 많이 하니 자연스럽게 패션 카테고리에서 기회가 주어지기 시작했다.

그리고 SNS로 나를 퍼스널 브랜딩하기 시작하자 〈월간 홈쇼핑〉이라는 잡지의 표지 모델로 인터뷰까지 했다. 솔직히 내가 대단하고 유명한 쇼호스트는 아니었지만, 나는 상관없었다. 왜냐, 이 잡지를 본 사람들은 내가 '얼마나 유명하고 대단한 사람이면 잡지에 나올까?'라고 생각했을 테니 말이다.

만약 이 시기에 나에게 어려움이 찾아오지 않았다면 소비자 심리학을 공부한 지금의 내 모습도, 패션 카테고리에 자신 있는 내 모습도 아마 없었을 것이다.

솔직히 사람이 평생 좋은 일만 겪으며 살 수는 없다. 갑자기 일거리가 줄어들 수도 있고, 주변 인간관계가 모두 나를 싫어할 수도 있는 게 인생이라고 생각한다. 그런데 그 모든 원인은 나 자신의 문제일 확률이 높다. 나의 능력에 맞지 않게 과분한 기회가 오고 있던 것일 수도 있고, 내 성격이나 행동이 주변 사람들을 지치게 만들어 점점 나에게 연락을 안 하는 것일 수도 있다.

더 냉정하게 말하면 세상에 바꿀 수 있는 건 나 자신밖에 없다. 내가 좋은 사람이 되면 내 주변에 좋은 사람이 몰리고, 내가 능력 있는 사람이 되면 그 능력에 상응되는 기회가 주어질 것이다.

지금 당신이 갑자기 일이 줄어들고 심란한 시기를

보내고 있다면, 감정의 빈 공간에 부정적인 단어가 아닌 긍정적인 단어를 넣어보자. 만약 긍정적인 단어를 넣지 못할 정도로 힘들다면, 그냥 '중립적인 한적함'이라는 단어를 넣어보면 어떨까?

사실 일을 하나 더 한다고 해서 내 삶이 풍요로워지는 것도 아니고, 가벼운 인맥 하나 더 유지된다고 내 삶이 행복해지는 것도 아니다. 오직 나 자신이 내 삶의 주인이며, 주인공이라는 걸 인지하고, 나 중심적인 선택을 하며 살아가는 것이 가장 행복한 삶의 방식이다.

*

미성숙한 사람은 "나는 어쩔 수 없이 이렇게 행동하지 않으면 안 된다"라고 말한다. 하지만 성숙한 사람은 "나는 이렇게 행동해야 한다"라고 단호히 말한다. 나는 내가 되고자 추구하는 바로 '그것'이다.

_고든 올포트(Gordon W. Allport)

04.

자존감과 자기 확신은 전혀 다르다

나는 학창 시절 이런 생각을 많이 했다.

'이렇게 말하면 미움받겠지?'

'이러면 나만 너무 튀지 않을까?'

사실 우리는 유년기를 지나 중고등학교에 다니면서부터 너무 튀지 않고 평범하게 사는 법을 은연중에 강요받는다. 내가 중학교 2학년 기술가정 시간에 겪은 일이다. 선생님이 다 사용한 일회용 가스는 못이나 뾰족한 금속으로 구멍을 내어 가스를 배출시킨 뒤에 버려야 한다는 내용을 교육하는 중이었다.

순간 나는 궁금한 것이 생겨 손을 들고 질문했다.

"선생님, 뾰족한 금속으로 구멍을 낼 때 만약 가스가 남아있으면 스파크 때문에 불이 나지 않을까요?"

그러자 선생님은 답변이 아닌 "학우들 앞에서 수업 시간에 쓸데없는 질문을 하지 말라"면서 나의 귀싸대기를 갈겼다. 지금 생각해도 어이가 없고, 정말 이해가 안 된다.

그 후로 나는 내 생각이나 궁금증을 자유롭게 질문하기까지 무려 5년이란 시간이 걸렸다. 심지어 '질문 공포증'까지 생겼다. 대한민국 사람이 창의적인 질문을 못 하는 건, 순전히 교육시스템 때문일지도 모른다.

동양권의 교육과 회의를 보면 결과와 시간을 미리 정해두고 진행한다. 즉 그날의 정확한 교육 목표와 회의 결과를 정해두고, 그 결과에 어긋나는 질문을 하는 사람을 하찮은 사람 혹은 분위기 파악 못 하는 사람으로 만들어 버린다.

물론 이 방식에도 장점은 있다. 그 시간 안에 무조건 결론이 나온다. 하지만 창의적인 아이디어나 질문이 나오긴 힘들다. 이런 방식의 교육과 회의 시스템에서 나의 자존감과 자기 확신은 사라지고, 그저 나는 시스템 속 톱니바퀴 하나로 살아간다.

그런데 이런 교육 시스템이 내게 부정적인 영향만 준 것은 아니다. 덕분에 나는 궁금한 게 생기면 인터넷 검색이나 책을 통해서 끝까지 찾아내어 '내 것'으로 만드는 습관이 생겼다. 그리고 이것은 나에게 자존감과 자기 확신을 만들어 주었다.

우리는 자존감과 자기 확신이란 말을 많이 듣고, 또 사용한다. 자존감과 자기 확신은 비슷해 보여서 '그게 그거 아닌가'라고 생각할 수 있지만, 분명한 차이가 있으며 서로 다른 개념을 가지고 있다.

'자존감(Self-Esteem)'은 남의 시선으로부터 나의 가치를 평가받는 게 아니라 나의 시선으로만 나의 가치를 평가하는 것이다. 여기에서 가장 중요한 건, 평가하는 주체가 바로 '나 자신'밖에 없다는 것이다.

'자기 확신(Self-Confidence)'은 아무리 상황이 여의찮아도 주변 환경이나 시선에 위축되지 않고, 자신만의 기준과 목표를 향해 묵묵히 갈 수 있는 태도를 말한다.

자존감과 자기 확신은 비슷한 듯 보여도 사뭇 다르다. 그러나 공통점도 있다. 선천적이 아닌 후천적으로 만들어지며, 스스로 깨닫고 만들 수밖에 없다는 것이다. 나는 같은 반 친구들이 보는 앞에서 귀싸대기를 맞은 후 억울해서 잠도 제대로 못 잤다.

그 뒤로 아무리 궁금한 것이 있어도 선생님에게 질문하지 않았다. 대신에 나 스스로 궁금증을 해결하는 습관이 생겼다. 그 결과 내가 직접 노력해서 찾은 지식과 정보, 그리고 결과물은 남의 비아냥이나 비판으로부터 자유로워질 수 있었다.

자존감이란 친한 대학교 선배가 보내준 자료로 쉽게 만들어내는 과제물이 아니다. 조금 엉성하고 인정을 못 받을지언정, 내가 할 수 있는 상황에서 최선을 다하여 진심으로 만든 '나의 과제물'이다. 이 과제물의 점수가 높고 낮음은 상관없는 것이다.

자기 확신은 내가 아무리 힘든 상황이나 잘 안될 것 같은 상황이 와도 '그럼에도 불구하고' 잘될 것이라는 확신이다. 중학교 시절 내가 예술고등학교에 간다고 했을 때, 친구들이나 주변 사람들은 내가 갈 수 있을 거라 아무도 믿지 않았다. 심지어 뒤에서 난 그들의 웃음거리가 되었다.

하지만 나는 스스로 예술고등학교 입시에 대한 정보를 찾아내고 준비했다. 그 과정 동안 단 한 번도 못 갈 것으로 생각한 적이 없다. 아니 이미 붙었다고 생각했다. 결과는 합격이었다. 물론 떨어졌을 수도 있다. 하지만 누가 옆에서 '분명히 안 될 거야'라고 투덜거리는 사람과 함께 하고 싶을까? 자기 확신이란 주변 환경에 휘둘리지 않고, 내가 원하는 방향으로 무조건 갈 수 있다고 믿는 것이다.

이렇게 중요한 자존감과 자기 확신 올리는 훈련을 아이러니하게도 나는 중학교 기술가정 시간에 받은 것이다. 나는 학창 시절에 내가 바꿀 수 없는 것에는 집중하지 않았다. 어차피 내가 노력한다고 바뀌지도, 바꿀 수도 없는 것은 이 세상의 것이 아니었다.

그렇기에 마음이 흔들릴 필요도, 속상해할 필요도 없었다. 그 시간에 차라리 내가 바꿀 수 있는 것에만 집중했다. 그러다 보니 나도 모르게 나의 자존감과 자기 확신은 더욱 올라갔다.

바꿀 수 없는 것에 에너지를 낭비하지 말라. 바꿀 수 있는 것을 바꾸기에도 모자란 시간이다. 앞서 말하지 않았는가? 어떻게 시간을 소비하느냐에 따라 인생은 달라지는 법이라고.

*

누군가에게 신뢰를 주는 사람이 되려면 먼저 자신을 신뢰할 수 있어야 한다. 그렇기 때문에 우리는 먼저 마음속에 있는 열등감을 인정하고 받아들이며, 자신의 가치를 높이기 위해 노력해야 한다.

_알프레드 아들러(Alfred Adler)

05.

사람 사이의 관계성에 힘을 빼지 말라

사람은 육체적 피로를 겪는 것과 마찬가지로 마음도 피로를 겪는다. 일이나 노동, 학업, 육아 등 여러 가지 활동에 치이면 육체뿐 아니라 정신도 지치기 마련이다. 지쳤을 때는 재충전이 필요하다.

나도 지쳤던 순간이 있었다. 너무나도 지쳐서 평소 잘하던 일도 생산적으로 수행하기 힘들었다. 그 즉시 나는 아무런 고민 없이 바로 일본행 비행기 표를 끊고는 곧장 오사카로 1박 2일 휴가를 떠났다.

출국하는 공항에서 탑승 수속을 모두 끝내고 비행기에 몸을 실었는데, 지금까지는 들리지 않던 이야기가 들리기 시작했다.

"비상시 산소마스크가 내려오면 우선 자신부터 마스크를 착용하고 주변 사람들을 도와주세요."

그 순간에 나는 '내가 왜 지금 힘들어하게 되었는지, 내 할 일도 제대로 못 하면서 일본으로 도피성 휴가를 떠나고 있는지'를 곰곰이 생각했다. 사실 나는 거절을 잘 못 하는 성격이다. 상대방이 부탁하면 그 부탁을 거절 못 해서 내 스케줄도 제대로 못 하고, 내가 도와준 상대방에 대한 나의 감정도 좋지 않았다. 그야말로 아무에게도 좋지 않은 상황을 스스로 만든 것이다.

일본에서 머문 1박 2일 동안 나는 아무것도 생각하지 않고 나만의 시간을 보냈다. 그 누구의 부탁도, 요청도 '나의 휴가'라는 이유로 모두 거절했다. 몸에도 디톡스가 필요하듯이, 정신적인 피로에는 '마음의 독소'를 해독해야 한다. 우리의 마음은 근육과 같아서 계속 운동과 자극만 주면 처음에는 알이 배기고, 나중에는 끊어지기 마련이다.

사실 내가 하던 일을 멈추고 갑자기 1박 2일 짧지만, 비싼 비행깃값을 들여 일본 여행을 간 이유가 있다. 나 자신이 너무나도 예민해져서 나답지 못한 실수와 행동을 해서였다. 차라리 이 상황에서는 일을 안 하는 게 더 이득이라고 느꼈다.

이렇듯 일이나 관계에 있어 너무 과부하가 왔을 땐 꼭 휴식이 필요하고, 그 휴식이 더욱더 큰 움직임의 밑바탕이 되어준다. 그런데 왜 나는 이런 관계가 어렵고, 상대방에게 당당히 거절하지 못했을까?

한국은 관계를 중시하는 '관계주의'가 심하다. 생각해 보자. 우리나라, 우리 엄마, 우리 동네, 우리 회사, 우리 아들 등 모든 것이 '우리'이다. 이것을 영어로 바꿔보면 정말 이상한 점을 느낄 수 있다.

'Our Country, Our Mom, Our Neighborhood, Our Company, Our Son.' 우리 모두의 엄마? 우리 모두의 회사? 우리 모두의 아들? 조금 이상함을 느

꼈을 것이다.

또한 영어를 한국말로 직역해 봐도 이상한 점을 느낄 수 있는데 '나의 회사'를 영어로 번역하면 'My Company'이고, 이것을 그대로 번역하면 '내 회사'이다. 어디에 가서 "제가 다니는 회사는 CJ ENM입니다"가 아니라 "제 회사는 CJ ENM입니다"라고 하면, "무슨 CJ가 네 회사냐?"라며 질책받을 것이다.

이렇듯 우리가 사용하는 언어만 보더라도 우리는 심한 관계주의 안에 살고 있다는 것을 알 수 있다. 예를 들어 작은 일 하나 처리할 때도 수많은 사람이 얽히고설켜 있는데, 누군가에게 영업사원을 소개받았을 때 그 제품이 마음에 안 들어도 소개해 준 사람의 얼굴을 봐서 그냥 사주는 게 한국의 관계주의다. 이러한 사회의 구조 속에서 온전히 나답게 살아가기란 쉽지 않다.

대인관계도 마찬가지다. 내가 마음에 안 들고 싫어하는 사람이 한 명 있어도 끊어내지 못한다. 그 사람과 인연을 끊어도 내 친한 친구와 인맥이 겹치면 관계가 복잡해진다. 그래서 그냥 참고 지낸다. 그러다가 '친구끼리 왜 그래' 서운한 이야기를 하면 괜히 나를 속 좁은 사람으로 만들어 버린다.

나는 관계를 신경 쓰다 온전한 나의 선택을 못 하는 실수를 하지 않기로 마음먹었다. 이제 나의 결정은 '어차피 모두를 만족시킬 수 없다면, 오직 나만을 위한 선택을 하자'이다. 물론 이런 결정이 때로는 외로움을 줄 수도 있다.

'나중에 내 경조사에 사람이 많이 안 오면 어떻게 하지?'

'그래도 친한 어릴 적 친구는 있어야 하는 것 아니야?'

나 또한 이런 걱정을 했다. 하지만 사자는 무리 짓지 않는다. 나를 따르게 하려면 내 몸집을 키우고, 스스로 발톱을 날카롭게 만들 뿐이다. 반면 나의 몸집을 키울 자신이 없거나 노력할 생각이 없는 사람들은 주변 사람들을 끌어들여 무리를 만든다. 그러다 보니 그 관계가 얽히고설켜 나를 나답지 못하게 만드는 경우가 많다.

내 주위 사람, 대인관계에 신경 쓰는 것보다 나에

게 더 집중하라. 그리고 내가 원하는 걸 이루기 위해 적절한 휴식을 취하라. 내가 대단한 사람이 되면, 좋은 사람들은 자연스럽게 내 주위에 올 것이다. 그러니 주변의 관계보다 100배 더 소중하며, 더욱 대단한 여러분 자신에게 더 집중하고 시간을 투자하라.

*

나는 우리가 중요한 것에 대해서는 현명하게 선택하는 법을 배우고, 중요하지 않은 것에 대해서는 지나친 걱정을 내려놓는 법을 배운다면 자유를 만끽할 수 있다고 믿는다.

_배리 슈워츠(Barry Schwartz)

06.

가진 것도 없지만 못할 것도 없다, 청춘이니까

"축구 다시 하려면 테스트 같은 거 받아야 하는 거지?"

"무슨 소리예요. 아직 몸도 다 못 만들었는데, 준비되려면 한참 멀었어요."

"준비될 때까지 기다리지 마."

"아니 그럼 무작정 들이밀어요?"

"내가 살아보니까 완벽하게 준비된 순간은 안 오

더라고. 그냥 지금 시작하면서 채워."

"아끼다 뭐 된다는 말 알지? 무작정 부족해도 들이밀어."

tvN 드라마 〈나빌레라〉에 나오는 대사다. 아직 준비가 안 되었다고 생각하는 주인공에게 '그냥 지금 당장 시작해라'라는 메시지를 주는 장면이다.

인생을 살면서 과연 완벽한 순간이 있을까? 물론 '안전'에 대해서는 완벽을 추구해야만 한다. 수영하기 전이나 비행기 이착륙하기 전 등 안전을 담보로 하는 상황에서는 매뉴얼이 존재하며, 무조건 완벽해야만 한다.

그런데 사람의 인생도 완벽할까? 물론 당신이 성공한 상황이라면, 이미 분야에서 정점을 찍은 사람이라면 혹시 모를 위험에 대비하기 위해서 완벽을 추구하는 게 당연하다. 하지만 성공을 위해 성장을 하는 시기라면 안전보다는 도전을 선택하는 게 맞다.

예전 쇼호스트 준비생 시절, 나는 아무것도 없었다. 방송 경력도 전혀 없는 상태에 준비한 기간도 한

달 정도밖에 되지 않았을 때다. 대형 메이저 홈쇼핑 사인 GS샵의 공채가 떴고, 나는 지원을 준비했다. 그런데 함께 공부를 시작한 아카데미 동기들은 이런저런 핑계와 이유를 찾아가며 아무것도 하지 않았다.

"혹시나 운 좋게 서류에 합격했다가 떨어지면, 괜히 심사위원한테 안 좋은 이미지만 씌워져서 다시는 합격 못 하는 상황이 벌어질 거야. 나는 더 준비하고 지원할래."

"민성이 쟤는 왜 저렇게 성격이 급해? 기본도 안 되어있으면서 공채를 지원한다고?"

결국 동기 중에 나만 공채에 지원했다. 결과는 서류조차 합격하지 못했다. 하지만 그 서류를 지원하기 위해 밤낮으로 고민하며 의상을 준비하고, 포즈를 연습해서 프로필 사진을 찍어둔 덕분에 두 달 후 공채가 다시 떴을 때 서류는 신경 안 쓰고 오롯이 자기소개에만 집중할 수 있는 여건이 되었다.

사람은 포기하는 순간 '하지 못하는 이유'를 찾고, 할 수 있다고 믿는 순간 '될 수밖에 없는 이유'를 찾는다. 이것이 사람의 마음이고, 이 마음은 주변으로 전염된다.

너무나도 유명한 마시멜로 챌린지만 보아도 알 수 있다. 마시멜로 챌린지는 3~4명이 한 팀을 이뤄 스파게티 면(삶기 전) 20개와 종이테이프 1미터, 실 1미터를 이용해서 탑을 쌓는 게임이다. 주어진 시간은 18분이며, 탑의 꼭대기에 마시멜로가 있어야 하고, 가장 높은 탑을 만든 팀이 이긴다.

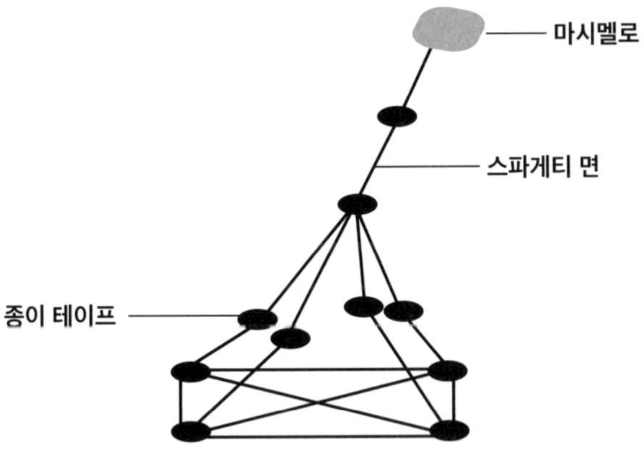

마시멜로 챌린지 모습

팀마다 다양한 전략과 설계가 등장하는데, 한 실험에 따르면 경영대학원 학생이나 변호사처럼 명석한 사람들보다 유치원생들이 쌓은 탑의 높이가 높았다고 한다(건축학도와 공학도팀은 제외함).

당신은 지금 당신이 도전하는 분야의 전문가인가? 아마 아닐 것이다. 그렇다면 고민하고, 회의하고, 생각하는 것보다 유치원생들처럼 그냥 무작정 도전해서 실패를 겪고, 바로바로 수정해 나아가는 게 가장 빠르게 성공하는 방법이다.

내가 첫 책《지금 당장 포르쉐를 타라》를 쓸 때도 주변 사람들의 반응은 부정적이었다. "너 책 써봤어? 안 팔리면 어떻게 해? 안 힘들어?" 그들이 이런 걱정을 할 때 사실 그들은 책을 써보지 않았고, 나 역시 책을 쓴 경험이 없어서 도리어 쉽게 시작할 수 있었다.

물론 그 과정에서 힘든 점도 있었지만, 내가 걱정했던 것보다 힘들지 않은 부분이 더 많은 것을 보고 '미리 겁먹을 필요 없었구나'라고 다시 한번 생각했다. 또 첫 책을 쓰면서 '내가 책을 쓸만한 사람일까?'

고민한 적이 있다. 그런데 지금 이 책도 내가 대단해서 쓰는 게 아닌 '대단한 사람'이 되고 싶어서 쓰는 것이다.

지금 당신의 뜻대로 되지 않아서, 가진 것이 없어서 좌절하고 있는가? 당신은 아직 아무것도 아니다. 따라서 무엇이든 될 수 있다. 그러니 당신의 도전을 방해하는 주변 사람의 걱정이나 조언보다 내가 정말 하고 싶은 게 무엇인지, 지금 하는 일이 행복한지 스스로와 솔직하게 대화하라. 그리고 당장 시작하라. 성공을 이루기 위해선 무모한 용기가 필요하다는 사실을 잊어서는 안 된다.

*

현실적 문제를 올바르게 인식하면 해결을 위해 노력하지만, 어리석게 속상해하면 '문제에 대한 문제'를 얻게 된다. 자신에게 이렇게 답하라. "실패하면 안 될 이유는 없어. 실패하더라도 최악은 아니고, 아주 불편할 뿐이야."

_앨버트 엘리스(Albert Ellis)

07.

끼리끼리가 사이언스인 이유

세기의 발명왕이라 불리는 에디슨은 1,300개가 넘는 특허를 얻을 만큼 뛰어난 업적을 이루었다. 누구라도 에디슨이 천재라는 사실을 부인하지 못할 것이다. 하지만 에디슨의 어린 시절, 그의 '특별함'을 알아본 초등학교 교사는 에디슨의 어머니에게 다음과 같은 편지를 보냈다.

"우리 학교에는 도저히 에디슨을 가르칠 만한 좋

은 교사가 없습니다. 그러니 집에서 교육하세요."

편지를 받은 에디슨의 어머니는 자신만의 노력으로 에디슨을 세계적인 과학자로 탄생시킨다. 과연 어떤 특별한 노력으로 에디슨을 위인으로 만들었을까? 당신도 알다시피 교사가 보낸 편지는 "당신 아들은 지적 장애가 있어서 다른 아이들과 함께 가르칠 수 없습니다"라는 부정적인 메시지였다.

그러나 에디슨의 어머니는 교사의 편지에 아랑곳하지 않고, 에디슨이 지적 장애가 있다는 걸 인정하지 않았다. 오히려 에디슨 앞에서 울먹이며 큰 목소리로 말했다.

"아들아, 너는 엄청난 천재라 학교에서 더 이상 가르칠 수가 없대. 너는 정말 대단한 아이야."

이렇듯 에디슨의 어머니는 아들에게 칭찬과 믿음, 그리고 긍정의 메시지를 끊임없이 전해주었다. 그런 칭찬과 믿음의 힘이 초등학교에서조차 쫓겨난 에디슨을 세계적인 발명가로 탄생시킨 것이다. 이렇듯 사람의 주변에 누가 있으며, 어떤 말로써 어떤 영향을 주느냐가 그 사람에게는 정말 중요하다.

맹모삼천지교(孟母三遷之教)라는 고사성어를 알 것이다. 맹자의 어머니가 맹자의 교육을 위해 집을 세 번 이사했다는 내용으로, 올바른 교육을 위해 주위 환경은 정말 중요하다는 것이다. 비슷한 예로 '내가 어떤 사람인지 알고 싶다면, 내가 자주 만나는 친구 세 명을 관찰하면 된다'라는 말이 괜히 나온 게 아니다. 나의 주변 사람은 나의 거울이기도 할 정도로 나에게, 나 역시 상대방에게 많은 영향을 끼친다.

대부분의 사람들은 성장기에 엄마와 많은 시간을 보낸다. 나도 엄마와 항상 함께 있었다. 외벌이 가정이었기에 경제적으로 풍요롭지는 않았지만, 집에 늘 엄마가 있는 게 좋았다. 그런데 엄마는 내가 아무리 허무맹랑한 이야기를 해도, 마치 밥을 꼭꼭 씹어 먹는 어린아이 대하듯이 나의 이야기를 무척 정성스럽게 들어주셨다.

그중 엄마에게 가장 감사한 것이 있다. 내가 장래 희망이나 꿈이 바뀔 때마다 엄마는 "우리 아들 엄청 멋있겠다", "무조건 될 수 있지", "어서 해봐! 우리 아들은 다 잘될 거야" 이런 식으로 긍정의 말만 해 주셨다. 덕분에 나는 어려서부터 성인이 된 지금까지 새로운 도전을 하는 것에 대한 두려움이 전혀 없다.

나는 주변에서 누가 뭐라고 하든 그들은 나를 평가할 수 있는 대상이 아니라고 인지하며, 주변 반응에 신경을 안 쓴다. 엄마의 긍정적인 교육 방식 덕분에 나는 하고 싶은 도전이 있다면 주저 없이 시작할 수 있는 사람으로 성장했다고 생각한다.

세계적인 발달심리학자인 에릭 에릭슨(Erik Erikson)은 인간의 발달에 대한 이론을 개발한 사람이다. 그의 발달이론에 따르면 개인은 일생을 8가지 단계를 거치면서 인격 발달이 이루어진다. 그가 주장한 발달 8단계는 다음과 같다.

신뢰 vs 불신	유아기, 0~1세
자율성 vs 수치심과 의심	유아기, 1~3세
주도성 vs 죄의식	취학 전, 3~6세
근면성 vs 열등감	취학 연령, 6~12세
정체성 vs 혼돈	청소년기, 12~18세
친밀감 vs 고립감	청년기, 18~40세
생산성 vs 침체성	중년기, 40~60세
자아통합 vs 절망	성인 후기, 65세 이상

에릭슨의 심리사회적 발달 8단계

에릭슨은 "인간의 투쟁이야말로 자신이 진정으로 누구인지를 보여준다"라고 말했다. 그는 인간의 발달은 청소년기를 넘어 계속되는 평생 과정이며, 개인은 평생 동안 성장과 변화의 잠재력을 가지고 있다고 주장했다.

쉽게 말하면 인간은 평생에 걸쳐 성장하는 생명체라는 것이다. 그런데 성장 중인 사람의 주변에 '누가 있느냐'에 따라 같은 사람도 선해질 수 있고, 악마가 될 수도 있으며, 천재가 될 수도 있고, 정말 부족한 사람이 될 수도 있다.

당신의 주변을 둘러보라. 만약 누군가가 당신에게 하찮은 이야기를 한다고 해도 절대로 그 이야기를 대수롭지 않게 들어선 안 된다. 그러는 순간 더 이상 그 사람은 솔직하게 이야기하거나 자신의 개인적인 시간을 당신과 보내려 하지 않을 것이다(부모, 자녀, 부하직원 모두 포함한다). 그리고 당신에게 정말 하찮은 존재가 되어 하찮은 행보만 보일 것이다.

사랑하는 사람들과 시간을 보내도 부족한 이 시간에 나를 멋지고 좋은 사람으로 만들어 주는 소중한 사람들과 함께 시간을 보내라. 그러면 당신을 더 멋지고 소중한 사람으로 만들어 줄 것이다.

*

다른 사람을 '앞서는' 능력은 결코 학교에서 배운 지식에 따라 결정되지 않는다. "이런 일은 이런 방식대로 해야 해"라는 말은 틀렸다. 어떤 일이든 항상 다양한 방법이 존재하기 마련이고, 그 가운데서 지금 처한 상황에 맞는 방식을 선택할 뿐이다.

_대니얼 골먼(Daniel Goleman)

CHAPTER 2

지금 힘들다는 건
성공할 거라는
증거다

01.

뒤에서 험담하는 사람은 이렇게 가지고 놀아라

사람들은 둘만 모여도 남 얘기하기를 좋아한다. 어떤 사람은 칭찬보다는 누군가를 험담하면서 다른 사람은 모르는 비밀을 자기는 알고 있다는 식으로 얘기한다. 그런데 사람들은 험담은 나쁘지만 그게 사실이면 허용될 수 있다고 여긴다. 하지만 설령 사실이라 할지라도 다른 사람의 이미지를 깎아내리는 어떠한 말도 하지 않는 게 좋다.

유대 경전 〈미드라시〉에는 이런 말이 있다.

『남을 헐뜯는 험담은 살인보다도 위험하다. 살인은 한 사람밖에 죽이지 않으나 험담은 세 사람을 죽인다. 험담하는 사람, 험담을 듣는 사람, 그 험담의 대상이 된 사람이다.』

그렇다면 남을 험담하는 사람의 심리는 어떨까? 이들은 자존감이 상당히 낮고, 열등감은 매우 높다. 낮은 자존감과 높은 열등감의 원인을 들여다보면, 지금 자신이 하는 일 때문일 수 있으며, 그 일로 만나야 하는 사람들과의 관계 때문이기도 하다.

만약 누군가가 당신을 뒤에서 험담하거나 없는 말을 지어낸다면, 결과적으로 당신이 '부러운 대상'인 것이다. 또한 당신을 험담하지 않더라도 당신 앞에서 다른 사람을 험담하는 사람은, 자연스럽게 다른 사람 앞에서 당신의 험담을 할 것이 분명하다.

그런 사람과의 인연은 조금도 아까워할 필요 없이 멀리하는 게 좋다. 그런데 아무리 생각해도 뒤에서 나를 험담하는 사람이 밉고, 가만두고 싶지 않다면 어떻게 하는 게 현명한 방법일까?

'뽀빠이'라는 별명으로 유명한 방송인 이상용 씨

가 EBS 〈가족의 발견〉이란 프로그램에서 말한 내용을 소개한다. 과거 이상용 씨는 프로그램 촬영 때 만난 107세 넘게 장수하신 할아버지에게 큰 가르침을 받았다고 한다.

이상용 씨가 할아버지에게 물었다.

"107년을 살면서 괴롭히고 뒤에서 험담하는 사람도 많았을 텐데, 그걸 다 어떻게 참고 107년을 살았어요? 성격도 참 좋아."

그러자 할아버지는 이렇게 대답했다.

"간단하지. 그냥 냅뒀더니 다 뒤지데?"

"날 욕하든 말든 상관없이 냅두니까 다 뒤졌어."

"다 죽어서 우리나라에 나 욕하는 사람이 없어."

이야기를 듣고 나는 웃음이 나왔다. 그런데 단순하게 웃기기만 한 내용이 아니라 너무나 놀라운 건 대인관계에서, 즉 삶을 살아갈 때 필요한 세련되고 효과적인 스킬이라는 점이다.

대한민국은 너무나도 심한 경쟁 사회이다. 이런 사회적 배경이 지금 시대의 갈등과 현상을 만들었을지도 모른다. 이렇게 경쟁이 치열한 대한민국에서 자신의 가치를 높이는 방법은 크게 두 가지가 있다.

첫째, 스스로 노력해서 자신의 가치를 엄청나게 올린다.

둘째, 경쟁 상대의 가치를 떨어트려 자신의 가치를 올린다.

당신을 험담하고 다니는 사람은 아마 두 번째 방법을 선택했을 확률이 높다. 그리고 습관적으로 자신의 가치를 인정받으려고 계속해서 다른 사람들을 욕하고 다닐 것이다. 하지만 그도 사람이기에 반드시 누군가에게 언젠가 큰 실수를 할 것이다.

결론은 내가 굳이 나서지 않아도 관계적으로 고립될 사람이다. 그렇다고 해서 너무 아무런 대응을 안 하는 건 너무 교과서적인 내용이고 속이 타들어 갈 것이다(내가 그랬다).

이럴 때 정말 좋은 방법이 있다. 만약 누군가가 뒤에서 하는 험담을 전해 들었다면 '내가 지금 대세구나' 이렇게 긍정의 신호로 받아들이는 것이다. 그리고 절대로 흔들리지 말아라. 더 정확하게 말하면 '흔들리지만 흔들리는 티'를 내지 말아라. 오직 나만의 길을 가는 것이다.

뒷이야기를 하는 사람은 기본적으로 당신을 질투한다. 그리고 본인이 갖지 못한 능력을 소유한 당신이 흔들리는 모습을 기대하면서 보고 싶어 한다. 그런데 당신이 아무 반응이 없다면? 전혀 상관없이 오히려 더욱 잘 되는 모습을 보여준다면? 전의를 상실해 버리고 쉽게 흔들리는 다른 대상을 찾을 것이다.

정글 속 나약한 초식동물은 잔인한 육식동물의 표적이 된다. 하지만 아무리 초식동물이어도 강인한 몸집과 뿔이 있고, 나에게 덤비면 너도 큰일 난다는 우직함을 보여준다면, 무서운 육식동물이라 할지라도 온순한 초식동물에게 쉽게 덤비지 못한다(코뿔소나 코끼리처럼). 그러니 나까지 포악한 사람이 될 필요는 없다. 나는 평화롭고 온순하지만 강력한 힘이 있는 초식동물이라는 걸 보여주기만 하면 된다.

상대방이 뒷이야기를 한다면 과실 비율은 상대가 '100', 당신이 '0'이다. 그야말로 상대방 과실 100%인 것이다. 하지만 당신도 뒷이야기에 반응한다면

'상대방 과실 100%의 공식'은 깨진다. 상대방이 당신에게 먼저 잘못했다고 해도 쌍방 과실이 되는 것이다. 너무 아까운 상황이 아닌가? 그냥 가만히 있으면 과실 100%로 언젠가는 모든 보상을 다 받을 텐데.

그렇다. 오직 나에게만 집중하자. 솔직히 나도 신경은 쓰인다. 하지만 그럼에도 불구하고 해내는 모습을 보여주자. 그렇게만 한다면 주변 사람들에게 같은 성과를 내더라도 더 큰 존경과 대우를 받을 것이다.

복수하지 말아라. 썩은 과일은 알아서 떨어진다.

*

우리에게는 고정관념을 버리고 새로운 패러다임을 향해서 마음을 여는 능력, 논리만큼이나 상상력에도 의지하여 다양하고 폭넓은 생각들을 해내고 통합하는 성향, 시도를 두려워하지 않고 실패를 견딜 수 있는 담대함이 필요하다.

_레오나르드 믈로디노프(Leonard Mlodinow)

02.

독해져라,
그 누구도 상처 줄 수 없도록

영조(英祖) 38년(1762년) 7월, 너무나도 무덥던 여름에 사도세자는 쌀을 담는 뒤주에 갇혀 죽었다. 당신이 만약 사도세자의 아들이라면, 게다가 아버지가 죽을 수밖에 없었던 이유와 원인도 알고 그 과정을 지켜봤다면, 아버지를 그렇게 죽게 만든 세력에게 할 수 있는 최고의 복수란 무엇일까?

바로 나 자신이 성군(聖君, 어질고 뛰어난 임금)이 되는 것이다. 내가 성군이 됨으로써 "나의 아버지 사도세자는 이상한 사람이 아니었다"라는 걸 만천하에 보여주는 것, 그리고 아버지의 명예를 회복하는 것이 최고의 복수일 것이다.

지금 순간에도 말도 안 되는 이유로 당신을 괴롭히거나 힘들게 하는 사람들이 주변에 있을 것이다. 당신이 지금까지 당해온 심리적 종속에 대해서 극복할 수 있는 최고의 방법이 있다. 복수를 하는 것도, 그 대상을 신경 쓰는 것도 아니다. 그냥 당신의 삶을 행복하게 살아가면 그만이다.

사도세자의 아들은 조선의 22대 왕 정조(正祖)다. 정조는 왕위에 오르기까지 엄청난 우여곡절을 겪었기에 폭군이 될 수도 있었고, 피바람을 불러일으킬 수도 있었을 것이다. 그럼에도 불구하고 정조가 태평성대를 이룬 것은 자신을 힘들게 하고, 아버지를 그렇게 만든 세력에 대한 복수가 아니라, 내 사람인 아버지의 명예를 회복시키는 것에 집중했기 때문이다.

나 또한 여러 직업을 거치는 동안 주변에 좋은 사람들만 있었던 것은 아니다. 덕분에 나는 어떤 일도 행복하고 즐겁게 임할 수 있었고, 작은 이벤트도 나에게는 감사와 감동으로 다가왔다. 지금도 나를 힘들게 하는, 심지어 차라리 세상에 없었으면 하는 사람들 덕분에 나는 더욱더 견고해지고 단단해진다.

나는 그들과 함께 일을 해야 하거나 관계를 유지해야 할 때마다 '아, 진짜 짜증 나', '왜 나한테 이런 일이 일어나지?'라는 마음이 아닌 '이 사람 덕분에 얼마나 많이 성장할까?', '이런 사람 덕분에 다음에는 어떠한 진상을 만나도 힘들지 않겠지?'라고 생각한다.

나를 힘들게 하는 존재나 대상에게 집중하지 않고, 내가 앞으로 나아가야 할 목표와 방향에만 집중하면서, 내가 작은 것에도 감사함을 느낄 수 있게 해준 고마운 존재로 여긴다. 어차피 나를 힘들게 하는 사람은 내가 이직하거나 전학을 가도 어디에든 있다.

그러니 앞으로는 나를 힘들게 하는 사람에 대해 미워는 하되 피하지 말자. 차라리 나를 발전시키는 존재로 인식하고 활용하자. 그들은 오늘도 나를 예민한 사람으로 만드는 존재가 아니라, 작은 것에도 행복함을 느낄 수 있게끔 만드는 고마운 존재로 인식해보자.

정조는 태평성대를 이루고 난 뒤에도 '대단하신 아버지가 나 때문에 먼저 돌아가셨다'라며 슬퍼했다고 한다. 심리학적으로 내가 가장 존중하고 집중해야 할 대상은 바로 '나 자신'과 '나의 목적'뿐이다. 이것을 심리학 용어로 '마음 챙김(Mindfulness)'이라고 한다. 마음 챙김은 현재 발생하는 일들에 아무 판단 없이 평안함과 안정감을 위해 집중하는 것이다.

당신도 지금 내가 어디에 있는지, 어떤 감정을 느끼고 있는지, 어떤 생각을 하고 있는지에 집중하자. 그것 말고 중요한 것은 아무것도 없다.

*

인간을 행복하게 만드는 것이 무엇인지에 대한 인식은 살면서 여러 차례 변한다. 우리의 관심사는 생각보다 빠르게 달라진다. 우울한 일은 예상보다 덜 우울한 것이고, 기쁜 일 또한 우리를 영원한 행복으로 이끌어주지는 못할 것이다.

_대니얼 길버트(Daniel Gilbert)

03.

즉시 멘탈 잡아주는 마법의 심리학 스킬

매일 아침 당신은 피곤함으로 일어나기 힘들 것이다. 간신히 눈을 떴어도 잠이 덜 깬 상태에서 다시 자고 싶은 심정일 것이다. 과연 할 일이 산더미처럼 쌓인 하루의 시작을 가볍고 상쾌하게 맞이할 사람이 얼마나 될까? 게다가 하기 싫은 일을 해야 하거나 억지로 뭔가를 해야 한다면 더욱더 지옥일 것이다.

하지만 평일이 아닌 주말 아침은 어떠한가? '내일은 주말이니까 늦잠 좀 자야지' 다짐하고 잠들어도 희한하게 토요일 아침이나 휴일 아침에는 일찍

눈이 떠진다. 심지어 상쾌하다(과음했을 때는 제외다). 무슨 이유일까? 대부분 평일 저녁에는 잠들기 직전까지 '아, 오늘은 5시간밖에 못 자네', '내일 할 업무는 진짜 짜증 나는데', '그 사람 얼굴을 또 봐야 한다니' 등 부정적인 생각을 한다.

반면 금요일 저녁이나 여행 가기 전날에는 '내일 드디어 여행 간다. 너무너무 행복해', '드디어 기다리고 기다리던 휴일이다'처럼 행복하고 긍정적인 생각을 하며 잠들 것이다. 우리의 생각은 수면에 큰 영향을 미치는데, 긍정적인 생각을 가지고 마음을 안정시키면 스트레스와 불안이 감소하며 수면의 질을 향상시킨다.

이렇듯 어떤 사람이 내뱉는 말이나 생각이 나의 멘탈과 신체 능력, 그리고 내 인생에 영향을 미치는 것을 '자기충족적 예언(Self-fulfilling Prophecy)'이라고 한다. 미국의 사회학자 로버트 머튼(Robert K. Merton)이 소개한 이 이론의 핵심은 '그렇게 되리라고 생각하면 정말 그렇게 된다'이다. 즉 누군가에게 부정적인 기대를 받거나 잘못된 예언을 들었을 때, 그 영향으로 스스로 기대와 예언을 성취하는 현상이다.

쉬운 예를 들면, 당신에게 나쁜 일이 일어났다고 가정하자. 밥맛이 뚝 떨어질 것이다. 일도 손에 안 잡힐 것이고, 최악의 상황에는 소중한 가족들에게 화도 낼 것이다. 반대로 좋은 일이 일어났다고 가정하자. 피곤한 것쯤은 다 사라지고, 웬만한 불편한 일이 일어나도 그날만큼은 괜찮다며 모든 순간이 지나갈 것이다.

아마 이런 경험을 모두 한 번쯤은 겪어봤을 것이다. 그렇다면 굳이 좋은 일이 생기지 않아도, 나 스스로 좋은 일이 생겼다고 여기고 말하면 항상 좋은 컨디션을 유지할 수 있지 않을까?

이런 자기충족적 예언의 힘은 예상보다 훨씬 강력하고 활용할 곳이 정말 많다. 또한 이미 많은 사람이 활용하고 있다. '플라세보 효과(Placebo Effect)'도 좋은 예이다. 의사가 환자에게 효과가 없는 가짜 약을 처방했지만, 환자의 심리적인 요인으로 병세가 호전되는 현상을 말한다.

생각해 보면 신기하게도 꼭 중요한 스케줄이나 모임이 있을 땐 헤어 스타일링이나 메이크업이 잘 안 된다. 그런데 아무 약속 없는 날에는 메이크업이 잘 되는데, 아무리 약속을 잡으려고 해도 잡히지 않는다. 이렇게 꼭 중요한 순간, 늘 우리의 몸과 멘탈은 내 마음대로 움직여 주지 않는다.

마찬가지로 우리의 인생은 내 마음대로, 나의 의지대로 절대 움직여 주지 않는다. 언제나 최상의 컨디션이고, 최상의 상태이면 좋겠지만, 그렇지 못한 게 사실이기 때문에 자기충족적 예언이라는 스킬이 더욱더 중요하고 소중하다.

그렇다면 이제부터 중요한 면접이나 고객과의 미팅, 이성과의 만남 전에 긍정의 언어를 떠올리고, 지금 당장 입 밖으로 말해보자.

"이미 해냈다."

"이미 합격했어."

"너무 멋지다."

"네가 세상에서 가장 멋져."

긍정적인 생각은 긍정적인 결과를 끌어당기고, 부

정적인 생각은 부정적인 결과를 끌어당기기에 사람의 운명이 바뀔 수도 있다.

나 또한 과거 현대홈쇼핑 공채 시험을 볼 때, 또 매번 쉽지 않을 것 같은 계약을 하러 갈 때 얼마나 떨리고 걱정이 많았을까? 나는 모든 중요한 상황의 미팅 전에 화장실 한 칸에 들어가 양손을 위로 쭉 뻗고 소리 지르는 듯한 표정으로 속삭인다.

'아자!', '이미 합격했다!!', '내가 최고다!!!', '모두 나를 위한 방청객들이고, 다 팬들이다!!!!'

내가 이 스킬을 아무런 의심 없이 사용하고 자주 활용하는 이유는 단순하다. 큰돈과 노력이 들지 않기 때문이다. 그리고 정말 신기한 건 내가 만나본 젊은 CEO나 비교적 이른 나이에 성공한 사람들은 최대한 비속어나 은어를 사용하지 않는다. 듣기 지루할 정도로 교과서 위주의 말들과 오글거릴 만큼 긍정의 언어를 사용한다.

어쩌면 이런 심리학 이론을 모르더라도 살아가면서 자연스럽게 성공의 노하우를 체득한 것일 수도 있다.

성공하려면 나와 주변 사람들에게 부정적인 말은 불필요하며, 반대로 긍정적인 말은 내 삶에 크게 도움이 된다는 사실을 알아야 한다. 또한 자기충족적 예언의 효과는 주변 사람들에게까지 유효하다. 최근 오래 함께 지낸 후배가 나에게 이런 말을 했다.

"다른 사람들은 만날 때마다 '힘들다, 어렵다, 망했다' 힘든 이야기만 하니까 나도 모르게 지치는데, 선배는 만나면 '힘 난다, 해보자, 과정이다' 긍정적인 이야기만 해주니까, 정말 내 기분도 긍정적으로 바뀌는 거 같아."

솔직히 나도 프리랜서로서 한 치 앞도 보이지 않을 때가 있다. 일을 많이 하고 적게 하는 건 내 의지대로 할 수 없지만, 내 상태가 좋든 나쁘든 좋은 말을 하는 건 나의 선택이고, 생각보다 많은 노력이 필요 없는 행위이다.

노력에 비해 얻을 수 있는 게 태산 같은데 하지 않을 이유가 없지 않은가? 나는 지금, 이 순간도 확신한다. 당신이 이 글을 읽고 힘을 얻을 것이라는 걸.

*

이 시대의 부자들은 모두 낙천주의자다. 그들이 항상 잘 풀려서가 아니라 긍정적인 생각을 하기 때문이다. 심지어 일이 잘못돼도 그들의 태도는 여전히 긍정적이다. 이런 긍정적 사고야말로 그들이 목적을 달성하도록 하고, 스스로 수정하고 개선해서 마침내 성공에 이르게 한다.

_데이비드 랜즈(David S. Landes)

04.

나를 무시하는 사람을 제압하는 한마디

인생을 살다 보면 최악의 사람을 만나기도 한다. 바로 뒷이야기를 하는 사람이다. 이들은 자기에겐 유리하고 상대방에겐 불리하게 말하는데, 마치 자기가 거짓말을 한 게 아니고, 부풀려 꾸민 말도 아닌 것처럼 말한다. 이렇게 교묘한 말장난으로 주변 사람들이 알아서 오해하게 만드는 사람이다.

그런데 이보다 더 최악인 사람은 나 혼자만 따로

불러서 그런 이야기를 하는 게 아닌 많은 사람이 있는 곳에서 기분 나쁜 이야기를 하고, 마지막에는 자기 행동이 당당하다는 듯이 "나는 뒤에서 욕 인 했다. 네 앞에서 말했다" 이렇게 말하는 족속들이다.

상대방의 생각과 배려는 하나 없이 자기 하고 싶은 이야기만 배설한 주제에 '험담 안 했다'란 말을 내뱉으면서, 자기 행동을 합리화하고 죄책감을 덜어내려는 행동은 정말로 최악이다. 이럴 땐 이런 말이 목 끝까지 차오른다.

"뒤에서 이야기 안 하고 앞에서 이야기했다고, 당신의 행동이 무례하지 않은 게 아닙니다"

하지만 사회생활을 하거나 인간관계에 있어서 특히나 대한민국이란 나라에서는 내가 맞는 말이라고 마음대로 할 수 있는 것이 아니다.

물론 앞서 말한 속말이 맞는 말이나 직장 상사나 선배 등 대인관계 중에 나보다 나이 많은 사람에게 저런 식으로 이야기한다면, 주변 사람들에게 상당히 예의 없는 사람으로 낙인찍힐 것이다(솔직히 이것도 너무 어이가 없고 웃기다.).

이럴 땐 '범죄심리학'에 나오는 스킬을 사용하면 된다. 방법은 아주 간단하면서 매우 효과적이다. 실제로 어두운 골목길을 혼자 걸어갈 때 스마트폰을 들고 누군가에게 전화하는 척 자신의 위치를 말하는 것만으로도 범죄의 대상이 될 확률이 엄청나게 낮아진다고 한다.

예를 들어 "나 지금 어디 어디 지나가고 있어. 아, 진짜? 5분 뒤면 도착해. 기다리고 있다고?"처럼 말하는 것이다. 범죄자의 가장 큰 목적이 뭘까? 아무에게도 들키지 않는 완전 범죄이다. 그런데 나의 위치와 도착 예정 시간을 제3자에게 말하는 행위를 보는 것만으로도 범죄자들은 완전 범죄가 불가능하다고 판단하곤 범죄를 저지르지 않는다고 한다.

그러면 앞의 상황에 적용해보자. 누군가에게 전화한 식으로, 많은 사람 앞에서 나를 내리깔며 말하는 사람의 이야기를 노출하면 된다. 대부분 못된 사람들은 안 그런 척 많은 사람 앞에서 상대방을 못난 사람, 부족한 사람으로 만들고 싶어 한다.

여기에서 중요한 포인트는 '내가 상대방을 내리깔

려 하는 걸 들키기 싫어한다'라는 것이다. 말 그대로 완전 범죄를 원한다. 구체적인 상황을 예로 들겠다.

"민성이는 참 다 좋은데, 항상 뭔가 아쉬워. 말투가 좀 가벼워. 다들 그렇지 않아요?"

"말투가 좀 가볍다는 게 무슨 뜻이에요?"

이렇게 답변하면 두 가지 장점이 있다.

첫 번째는 상대방의 입에서 나온 말을 그대로 한 것이기 때문에 예의에 어긋날 일이 없다. 두 번째는 상대방이 나를 내리깔려고 하는 행동을 주변 사람들에게 노출했다는 걸 상대방에게 인지시키기 때문에 상대방이 스스로 당황한다. 대부분 이 정도 선에서 상황은 종료된다.

설령 상황이 더 길어진다고 해도 이미 공수가 바뀐 상태다. 이제부터는 상대방이 수습하는 상황이기 때문에 당신은 그냥 여유롭게 그 상황을 즐기면 된다. 전혀 화를 낼 필요도, 당황할 필요도 없다.

사실 이 세상에 무례한 상대방을 한마디로 제압해 버릴 수 있는 마법 같은 단어는 없다. 그 어떤 상황도 당당하게 헤쳐 나갈 멋진 당신만 있을 뿐이다.

*

내 존재의 의미는 나의 삶이 나에게 던지는 질문에 있다. "나는 누구인가"라는 물음에 스스로 답하지 않으면 세상의 반응에만 의존하게 될 것이다.

_칼 구스타프 융(Carl Gustav Jung)

05.

내 경조사에 아무도 안 온다면

나는 친했던 초등학교 동창과 손절했다. 이상하게 그 친구가 속한 모임에만 나가면 내가 작아지고 바보가 되는 것 같았다. 직장에서도 다른 모임에서도 별다른 트러블이 없는데, 그 모임에 나갈 때마다 '왜 이렇게 기분이 안 좋지?', '왜 자꾸 무시당하는 것 같지?', '왜 내가 바쁜 시간과 돈 써서 기분 나빠야 하지?' 이런 생각이 들었다.

그 친구는 유독 내가 먹자고 하는 메뉴만 별로라 하고, 내가 가자고 하는 곳은 다 싫다면서 핀잔까지 줬다. 그런데도 나는 그 모임에 나갈 수밖에 없었다. 대한민국에 살면서 어렸을 적 친구들과 친한 모임이 없다는 건, 뭔가 나의 성격이나 인간관계가 잘못된 것 같았고, 더 나아가 '내 경조사 때 누가 와서 축하해 주지?'라는 걱정이 앞섰다.

이렇게 얽히고설킨 대한민국의 관계주의 영향으로, 나는 억지로 좋지 않은 기분을 이끌고 모임에 나갔다. 그러던 어느 날, 이전처럼 다 함께 모임에 나갔는데 그날따라 유독 심하게 나를 무시하고 하대하는 느낌을 받았다. 나도 너무나 바쁜 일상에 피곤했고, 가장 바쁘던 시기에 휴가까지 내고 참석했던 상황이라 '이 관계는 끊어버리는 게 맞다'라는 확신이 들었다.

어쩌면 그 친구의 잘못이 아닐 수도 있다. 그저 내 상황과 성격, 그리고 서로의 타이밍이 안 맞았을 수 있다. 하지만 나의 입장만 놓고 봤을 땐 더 이상 만날 이유가 전혀 없었다. 그래서 냉정하게 손절했다.

예전엔 이런 관계를 손절하면 하늘이 무너지는 줄 알았다. 그런데 생각보다 아무 일도 없고, 오히려 온전한 나로 살 수 있었다. 앞으로는 나와 취미나 관심사가 같거나 서로 잘 맞는 사람들과 어울리면 되는 것이다.

《트렌드 코리아 2023》에 의하면 앞으로는 인덱스 관계(Index Relationship)만이 유지될 것이라고 한다. 인덱스 관계는 인터넷과 스마트폰으로 형성되는 인간관계 형식으로 다양한 모습과 방법으로 진행되며, 자신의 성향과 상황에 따라 고를 수 있다.

쉽게 말해서 나와 뜻이 맞지 않는 사람을 굳이 설득하고 이해시키며 노력의 시간을 함께 보낼 필요가 없다. 애초에 나와 관심사가 같은 사람들이 모여 있는 '오픈 채팅방' 같은 곳에 들어가서 함께 취미를 공유하며 관계를 형성하면 된다.

혹시나 그곳에 마음에 안 드는 사람이 있으면 나가버리고 끊어버리면 그만이다. 언제든지 새로운 모임이나 관계는 또 만들 수 있기에 아쉬울 것도, 걱정할 것도 없이 말이다.

캐나다의 임상심리학자이자 《12가지 인생의 법칙》을 쓴 조던 피터슨(Jordan B. Peterson)은 "자기 인생에 도움 되지 않는 주변 사람들을 정리 못 하는 이유는 그것이 더 쉬운 길이기 때문이다"라고 말했다. 사람은 당연히 어려운 길로 가는 것을 싫어한다.

예를 들면, 내게 도움이 될 만한 새로운 사람을 만나는 것보다 내게 도움 되지 않더라도 평소 만나던 사람이나 기존 관계를 그대로 유지하는 게 더욱더 쉽다. 그 이유는 성공이나 도전은 누구에게나 어렵다. 그런데 올곧고 도전적이며, 내게 좋은 영향을 미치는 사람을 곁에 두는 건 더욱더 어렵다.

그런 사람들 옆에 있으면 나 역시 함부로 포기하는 것도, 도전을 놔버리기도 어렵다. 그들과의 관계를 지속하려면, 그들과 비슷한 노력이 필요하기 때문이다. 이것이 내가 만나는 사람이 정말 내 인생에 중요한 사람인 이유이다. 대인관계에도 디톡스가 필요하다. 어떤 사람과의 관계가 계속 힘들다면 그 관계에 독성이 있는 것은 아닌지 살펴봐야 한다.

내 마음에 안 드는 관계라면 조금 거리를 두어도 된다. 만약 내가 앞서 말한 초등학교 친구들 모임에서 나와 맞지 않는 친구와 미리 거리를 두었다면, 관계가 아예 손절할 정도로 악화하진 않았을 것이다. 내가 하고 싶은 말은 관계에 끌려다니다가 오히려 관계를 악화시키지 말라는 것이다.

대부분의 사람들이 스스로 원하지 않는 관계를 참고 만나는 건 '언젠가 이 사람이 내게 이득이 될 거야'라는 생각일 수 있다. 그러나 어차피 내 기분을 생각 안 하고 마음대로 행동하는 사람은 나중에 내 경조사에도 여러 가지 핑계로 오지 않을 것이다. 그리고 와봤자 머릿수만 채울 뿐 정말 진심으로 축하해 줄까?

인간관계는 음식과 같다. 좋은 음식을 많이 먹는 것도 중요하지만, 내 몸에 안 좋은 음식과 거리를 두는 게 건강에 더 중요하다. 아무리 비싼 산해진미를 마음껏 먹었다고 해보자. 노로바이러스가 있는 회를 한 점만 먹어도 내 몸에 좋은 음식까지 다 토해내야 하는 게 음식인 것처럼 인간관계도 마찬가지다.

주변 사람은 나를 대변하는 거울과도 같다는 말이 있지 않은가. 이 말은 내가 누구를 주변에 두느냐에 따라 거울 속 내 모습이 달라진다는 의미도 된다.

*

만약 우리가 본래의 자신보다 조금이라도 더 좋은 모습을 보이려고 노력하지 않는다면, 어떻게 우리가 '외부 요소'를 내면화해 자기를 단련하고 더 나은 사람이 될 수 있겠는가?

_어빙 고프먼(Erving Goffman)

06.

나를 중요하게 생각하지 않는다는 증거

인간의 모든 고민은 인간관계에서 비롯된다. 인터넷의 발달과 스마트폰의 대중화로 사람들은 인간관계에서 상처받기 싫어서 자신이 다가가기도, 상대방이 다가오는 것도 원하지 않기 때문에 인간관계의 단절이 확대되고 있다.

하지만 인간은 사회에 소속된 존재이기에 인간관계를 벗어나 살 수 없다. 최소한 공적으로는 타인과

교류해야 하며, 아이러니하게도 단절의 시대이기 때문에 인간관계의 중요성은 더욱 커진다. 모든 인간관계는 시간이 지나면서 크고 작은 갈등이 생기기 마련이다.

마음을 터놓고 지내는 친구 한 명만 있어도 성공한 인생이라는 말이 있다. 서로 이해하고 당신을 응원하는 '진짜 친구'가 있는 반면에 겉과 속이 다른 '가짜 친구'도 있다. 상대방을 속여서 억지로 유지하는 인간관계는 결국 서로에게 독이 될 수 있다. 바람직한 인간관계를 위해 나에게 다가오는 사람을 구분할 필요가 있다.

상대방이 나를 중요하게 생각하지 않는다는 증거 6가지를 소개한다.

첫째, 따로 시간을 내어 만나는 게 아닌, 남는 시간에 만난다.

불쑥 연락해서 만나자고 하는 사람들을 뭐라고 하는 게 아니다. 예를 들어 갑작스러운 연락에 나갔는데 미리 말도 없이 다른 사람을 데려왔거나, 알고 보니 비즈니스적인 자리였던 것처럼 '나를 이용하려는' 느낌이 드는 사람이 있다. 이들은 당신을 중요하게 여기지 않으며, 자기 인생을 영화로 비유했을 때 당신은 그냥 지나가는 '엑스트라 1'로 생각할 확률이 높다.

생각해 보자. 갑자기 당신이 보고 싶다고 찾아왔다. 그런데 미리 이야기되지 않은 상황을 만들고, 당신이 처음 보는 자기 지인을 부르며, 채 30분도 안 되어서 돌아간다. 과연 이 사람이 당신을 중요하게 생각할까? 그냥 손절하라. 그리고 나 또한 누군가에게 그러고 있지는 않은지 스스로 점검하자.

둘째, 만난 자리에서 스마트폰을 보는 등 딴짓을 한다.

반대로 생각해 보자. 당신의 앞자리에 중요한 사람이 앉아있는데, 당신이라면 스마트폰을 볼 여유가 있을까? 결혼식을 앞둔 상견례 자리나 회사 입사를 앞둔 면접 자리라고 생각해 보자. 과연 스마트폰을 볼 수 있을까? 너무 극단적이라고? 스마트폰은 집에서 혼자 소파에 누워서 봐도 충분하다.

당신은 상대방을 만나기 위해 시간을 내고, 따로 준비해서 그 자리에 간 것이다. 서로 영상을 찍고, 편집하며 올리는 인플루언서나 스마트 스토어를 관리하는 대표, 또는 집에 아이가 있는 부모 등 어쩔 수 없는 상황을 제외하고라도 예의가 아니다.

정 스마트폰을 보려면 먼저 자기 상황을 상대방에게 설명하는 게 마땅하다.

"지금 아이가 집에 혼자 있는 게 걱정 들어서 CCTV 영상을 확인할 수밖에 없어. 미안해."

"지금 내 상품이 라이브커머스 진행 중인 시간이야. 너와 시간 약속 맞추느라 급히 나왔는데, 잠깐 확인해도 괜찮을까?"

당신을 중요하게 생각하는 사람은 이런 말을 함으로써 당신의 기분이 상하거나 불만을 말하기 전에 먼저 설명해 줄 것이다.

셋째, 무엇을 도와주거나 밥 사는 걸 당연하다는 듯이 말한다.

최악이다. 이건 길게 설명하지 않겠다. 나 자신부터 이러지 말자.

넷째, 자신이 한 말을 잊어버리거나 반복해서 이야기한다.

당신에게 자기 고민거리나 새로운 이슈를 말하기에 진지하게 들어줬는데 잊어버리고 계속 말하는 사람이 있다. 이런 사람은 당신만이 아니라 자기 주변 사람 모두(전화했을 때 받아주는 모든 사람)에게 똑같은 말을 할 확률이 높다.

대개 이런 사람들은 자신이 하고 싶은 말만 계속해서 떠드는 속사포 스타일의 스피커다. 나는 이런 사람을 '언어 살인마'라고 농담처럼 말한다. 솔직히 기분이 나쁘다. 중요한 것처럼 포장한 이야기를 40분 정도 정성스럽게 들어줬다. 그런데 이틀 후 전화가 와서는 같은 이야기를 또 하고 있다면, 정말 힘빠진다.

진지하게 '나에게 도움 되는 게 있을까?' 생각했으나 답은 나오지 않았고, 새삼 '나는 그러지 말자'

라고 다짐했다(혹시 나도 그러고 있다면 메일이나 인스타로 연락 바란다.). 게다가 이런 사람은 반대로 내가 하고 싶은 말을 하거나 고민거리를 던지면 제대로 들어주지 않는다.

이들은 당신을 자기 말을 배설할 대상으로 여길 뿐, 당신의 기분은 아랑곳없이 떠들어댈 뿐이다. 스스로에게 물어보자. 당신은 중요한 사람에게 같은 내용의 이야기를 두 번 이상 말한 적이 있는가?

다섯째, 보내온 메시지에 오타가 심하게 많다.

쉬운 예를 들겠다. 당신이 해외여행을 가려고 항공권과 호텔을 예약하는데 여권 정보를 입력할 때 오타를 낼까? 아마 오타가 있는지, 없는지 몇 번을 확인하고 입력할 것이다. 이유는? 한 번의 오타가 나에게 엄청난 시간적, 경제적 손해가 될 것이기 때문이다. 마찬가지다. 계속해서 오타를 보내는 사람은 당신을 중요하게 생각하지 않는다.

여섯째, 시간 약속을 중요하게 생각하지 않는다.

서로 시간 약속을 했는데 매번 늦는 사람이 있다. 한두 번이 아니라 습관적으로 늦는 사람이라면, 관계 유지에 대해 진지하게 생각해 볼 필요성이 있다.

사실 여섯 가지 사항에 해당하는 사람들이 지금 당장은 나에게 큰 피해를 주진 않을 수도 있다. 하지만 사람의 시간은 무한하지 않고 유한하다. 그러므로 사람이 성공하려면 '사는 집', '날마다 읽는 책' 그리고 '매일 만나는 사람' 세 가지가 바뀌어야 성공한다고 나는 생각한다.

세 가지 중 가장 중요하며, 많은 영향을 받는 것은 바로 '매일 만나는 사람'이다. 대단한 사람을 많이 만나는 것보다 나에게 마이너스 되는 사람을 만나지 않는 것이 훨씬 중요하다.

*

중요한 일을 하는 사람은 자신이 중요하지 않은 사람으로 취급받는 것을 두려워하지 않는다. 정말 중요한 것은 무엇이 주어졌는지가 아니라 주어진 것을 어떻게 사용하는가이다.

_알프레드 아들러(Alfred Adler)

07.

치욕스러운 단점도 나만의 강점이 될 수 있다

나는 대한민국이라는 치열한 취업 전쟁터에서 명문대학교를 졸업하지 못한 취준생이었다. 그래서 대기업에 제대로 지원해 보지도 않고 '나 정도의 스펙으로는 대기업에 취업하지 못할 거야'라고 생각하며, 나의 가치를 스스로 낮춘 채 도전할 엄두조차 내지 못했다.

언제나 남들에게 나를 소개할 때마다 '왜 무용을

시작했다가 그만뒀으며, 지금은 왜 다른 분야에 도전하는지' 그리고 '출신 학교는 어디고, 왜 그 학교에 갔는지' 등을 구구절절하게 설명하지 않고서는 나의 존재를 제대로 어필하는 게 불가능했다. 심지어 '나라는 존재는 변명해야만 인정받을 수 있는 사람'이라고 여겼다.

결국 어느 순간부터 나는 나를 알리고 설명하는 게 싫어졌다. 그저 나에 대한 부연 설명 없이, 나를 받아주는 회사면 어디에든 들어가서 일하고 싶었다. 또한, 초중고등학교와 대학교 시절 내내 돈이 없어 서러웠던 한을 풀고 싶었다.

그래서 돈을 많이 벌 수 있는 곳이라면 어디든 상관없었다. 그러다 보니 모두가 꺼리지만 쉽게 취업할 수 있고, 내가 노력한 만큼 큰돈을 받을 수 있는 보험회사가 내게는 거부감이 아닌 매력으로 다가왔다. 그렇게 나의 첫 직장은 보험회사가 되었다.

그런데 한창 보험영업이 잘될 시기에 보험영업을 하고 있었지만, 단지 사람들이 기피하는 직종인 보험을 직업으로 삼았다는 게 내게는 엄청난 치욕으로 느껴졌다. 그런 이유로 난 일과 관련한 경우가 아니면 굳이 내 직업이 보험 영업사원이라는 걸 말하지 않았다. 내 직업을 당당하게 말하기까지 1년 가까운 시간이 걸린 것 같다.

물론 나는 최선을 다해 일했지만 스스로는 자랑스럽지 않은, 내 인생의 가장 모호한 시기를 보냈다. 이때만 해도 '세상 대단한 것'들은 원래부터 대단했으며, 치욕이나 굴욕은 전혀 없는 줄 알았다. 또 나 자신은 대단한 사람이 될 수 없다고 늘 생각했다.

여기서 한가지 실례를 들겠다. 프랑스의 상징을 물으면 모두 에펠탑이라고 말한다. 그만큼 에펠탑은 프랑스의 랜드마크이자 세계적인 관광지로 유명하다. 하지만 처음에 에펠탑은 프랑스의 상징은커녕 열등감이자 치욕스러운 흉물 취급을 받았다.

1870년, 프로이센과의 전쟁에서 패배한 프랑스는 프랑크푸르트 조약에 강제로 서명하면서 막대한 배상금과 알자스로렌 지역을 독일에 양도한다. 이후 유럽은 독일이 강대국으로 부상해 영향력을 행사하게 되었다. 1889년, 파리 만국박람회에서 프랑스는 굴욕을 만회하고 국력을 과시하고자 에펠탑을 건설한다. 당시로서는 높은 3백 미터의 에펠탑은 1930년까지, 무려 40년간 세상에서 가장 높은 건물이었다.

원래 에펠탑은 프랑스의 국력과 기술력을 과시하려고 만들었기에 20년간 사용 후 해체할 예정이었다. 그런데 이때 무선 전신 전화가 발명되는데 에펠탑을 안테나로 이용하기로 해서 해체하지 않았고, 1916년에 세계 최초로 태평양 횡단 무선 전화가 에펠탑을 통해 성공하게 된다.

하지만 프랑스 국민, 특히 파리 시민들은 에펠탑 건축 시기부터 반대하고 싫어했다. 당시 석조건물이 대부분이었던 반면 에펠탑은 철제로 건축해서 괴리감이 심했다고 한다. 어느 정도로 싫어했느냐 하면 '나는 오직 커피를 에펠탑에서만 마신다. 그곳에서만 유일하게 에펠탑이 안 보이기 때문이다'라는 말이 떠돌 정도였다.

이렇듯 파리 시민들은 에펠탑을 혐오했다. 그러나 신기하게도 프랑스인들만 에펠탑을 싫어하고 치욕스럽게 느꼈을 뿐, 오히려 외국인들은 대단히 아름

답다고 여겼다. 또 그에 따른 관광 수입도 엄청나게 늘어나자 해체하지 않았고, 지금까지 명맥을 유지해 프랑스의 랜드마크가 된 것이다.

이처럼 에펠탑의 처음 시작은 굉장히 치욕적이었고, 프랑스의 열등감이 만들어낸 '단점'이었지만, 지금은 프랑스의 엄청난 '장점'이자 상징이 되었다.

앞서 말한 것처럼 나 역시 무용을 전공하고 보험회사에 다닌 이력을 스스로 치욕이라 생각하며 숨겼다. 하지만 그 치욕이라 여겼던 것들이 내가 보험영업이라는 어려운 직종에서 살아남고, 높은 업적을 달성하는 장점이 되었다.

스스로 단점이라 여긴 '무용전공자'인 나에 대한 평가는 예상 밖이었다. 무용으로 단련된 탄탄한 몸 덕분에 패션 상품을 판매할 때 남들보다 옷태가 났고, 또 무대에서 자신의 감정을 몸으로 표현하던 경험이 있으니 경력이 없어도 생방송에 빠르게 적응하고, 잘 진행할 거라는 평가를 받았다.

이처럼 나의 성장 가능성을 높게 평가한 홈쇼핑

회사는 26살이라는 나이에 아무 방송 경력도 없는 나를 쇼호스트로 채용했다. 즉 내가 치욕스럽고 단점이라 여겼던 것이 나를 당당히 합격하게 한 장점이자 '강점'이 된 것이다.

사람은 스스로 치욕적이라고 생각하거나 단점이라고 생각하는 부분을 본능적으로 타인에게 숨기고 감추려는 경향이 있다. 그러나 에펠탑이나 나의 사례처럼 자신의 장점을 단점이라고 오해하고 있을지도 모른다.

장기나 바둑도 직접 두는 사람보다 옆에서 훈수 두는 사람이 더 잘 본다. 이렇듯 장점이나 강점은 자신이 아닌 주변 사람들에 의해 발견되는 경우도 많다. 더 이상 당신이 치욕스럽다고 생각하는 단점을 너무 숨기기만 하지 말자(물론 자기 단점을 자기 입으로 너무 말하는 것은 절대 좋지 못한 행동이다.).

나를 정말 생각하는 가족이나 친구, 또는 내가 평가받아야 할 분야의 전문가에게 당신을 들어내라. 그리고 만약 지금 하고 싶은 게 있다면 당장 시작하라. 당신에게는 당신도 몰랐던 엄청난 장점과 강점이 있을지 모른다.

*

새로운 것을 시도할 때 가장 먼저 해야 할 일은 오히려 지금까지의 방식을 잊는 것, 즉 이전 방식에 종지부를 찍는 일이다. 혁신은 새로운 시도가 아닌 과거와의 작별에서 시작된다.

_쿠르트 레빈(Kurt Lewin)

CHAPTER 3

원인에서
결과로
과정을 뒤집어라

01.

내 몸값이 현저히 낮다는 생각이 든다면

당신은 지금 정당한 급여나 시급을 받고 있다고 생각하는가? 나는 쇼호스트 신입 시절, 전체 쇼호스트 중에서 가장 적은 급여를 받았다. 그때 문득 이런 생각을 했었다.

'어떻게 하면 나의 시간당 가치를 빠르게 높일 수 있을까?'

만약 시급이 엄청나게 올라간다면, 내가 하는 일

이 더 행복하고 즐거워지며, 그만큼 여유로워진 주머니 사정으로 나 자신을 더 꾸민다면, 내 인생은 선순환될 것이라는 막연한 생각을 하곤 했다. 그러나 현실은 달랐다. 쇼호스트라는 직업은 회사에서 정해둔 기준의 급여가 있으며, 회당 페이(연봉)의 상승도 한계가 있었다.

예를 들면 1년 동안 평가를 해서 1등 한 쇼호스트에게만 기존 시간당 페이에 10%를 올려주고, 나머지는 순차적으로 낮게 올려주는 방식이었다. 아무리 생각해도 이런 시스템으로는 한 번에 몸값을 엄청나게 올리는 것은 불가능하다고 생각했다. 그때 평범한 노력만 하면 평범한 대우만 받을 뿐이라는 것을 깨닫고 나만의 레퍼런스를 쌓기로 결심했다.

내가 가장 먼저 선택한 것은 심리학 학위를 따는 것이었다. 당시 나는 너무 어린 나이에 쇼호스트가 되었고, 무용과 출신의 보험영업사원이라는 이미지가 강해서 어떤 상품을 방송해도 '역시 민성이는 글이 짧아', '어려서인지 아직 노련미가 없어', '말에 기승전결이 없어'라는 평가를 받고 있었다.

물론 나의 노력도 방송실력도 부족했을 것이다. 하지만 나이가 어려서, 내 전공 때문에 영업사원으로서의 나의 노력을 자신들의 기준에서 평가하는 게 너무나도 싫었다. 나는 이 문제점을 해결하기 위해 학점은행제로 심리학을 전공하기 시작했다.

사람들은 상대방의 전공, 배경, 심지어 입고 있는 옷으로도 그 사람을 판단한다. 이것을 심리학에선 '후광효과(Halo Effect)'라고 한다. 상대방에 대한 일반적인 견해가 구체적인 특성을 평가할 때 영향을 미치는 현상이다. 그 사람이 얼마나 노력했고 대단한 사람인지는 중요하지 않다.

당시의 나도 마찬가지로 어쩔 수 없었다. 나는 내 상황에 불만만 토해내는 게 아니라 받아들이기로 했다. 이후 심리학을 전공하며 자연스럽게 '소비자 심리학'에 관심을 가졌고, 끊임없이 공부하고 연구하면서 '나만의 강의'로 차곡차곡 쌓아갔다. 그리고 큰 고민도 없이 바로 강의 시장으로 뛰어들었다.

나는 심리학을 공부하면서 다양한 분야의 책을 읽

으며 큰 영향을 받았는데, 그중 《퍼스트 브랜딩》에 이런 말이 나온다.

『만약 내가 생각하는 내 몸값이 현저히 낮다면, 일단 그보다 높은 가격을 내뱉고 타인에 의해서 그 금액이 굳어지도록 꾸준히 자신의 가치를 높여가고, 많은 사람에게 인정받을 수 있는 활동을 이어가야 한다. 이것의 시작은 바로 '자기 확신'이다. 어떤 일에 있어 나의 몸값을 정하는 것은 누가 뭐라고 해도 나 자신이다.』

그렇다. 당신의 몸값을 올리고 싶다면, 먼저 상대방에게 몸값을 높게 말하라. 어차피 사람들은 저렴한 강의나 상품, 무료 강의는 경청하지 않는다. 예를 들어 당신이 5천 원짜리 셔츠와 50만 원짜리 셔츠를 입고 짬뽕을 먹을 때, 당신의 애티튜드는 180도 달라질 것이다.

이렇듯 그 내용이 아무리 좋아도 그저 무료 강의일 뿐이다. 참석조차 안 할 가능성이 크다. 반대로 당신이 강의할 때 돈을 받지 않거나 저렴한 금액을 받는다면, 그 정도의 노력만 할 뿐이다. 그러니 자신의 가치를 스스로 높게 설정하라. 그다음 자신의 노력 기본값을 올려라. 당신이 남들은 하지 않는 노력을 한다면, 당신은 반드시 없어선 안 될 존재가 될 것이다.

어느 날, 휴가 기간에 급한 연락을 받았다.

"쇼호스트님, 혹시 이 날짜에 샴푸 방송하실 수 있나요?"

나는 당당하게 내 페이를 높게 책정해 말했다(휴가 중이었다). 담당자는 고민하는 것 같았으나 함께 방송하자는 의사를 전했고, 나는 방송 당일에 개인 드라이기와 생수 500밀리 5통을 준비해 갔다. 담당자와 함께 진행하는 쇼호스트가 물었다.

"쇼호스트님, 그건 뭐예요?"

"오늘 라이브 중에 무리가 안 된다면, 이 제품으로 머리를 감고 볼륨을 살려주는 시연을 해보고 싶습니다."

나는 생방송을 진행하면서 작은 세숫대야와 생수 5통으로 무려 3번이나 머리를 감고, 드라이기로 볼륨까지 빵빵하게 살려냈다. 결과는 대박이었다. 모두가 미용 상품이니까 예쁘고 멋있게만 방송하려 할 때, 나는 상품을 직접 사용하지 못하고 구매하는 고객의 입장을 생각한 것이다.

즉 고객이 라이브 방송으로 샴푸라는 상품을 바라볼 때 '머리 감을 때 거품이 잘 나고, 볼륨이 잘 살아나는 모습을 보고 싶어 하지 않을까'라는 관점에서 접근했다. 사실 그런 시연을 딱히 하지 않았어도 내가 받는 돈은 변함이 없었을 것이다. 하지만 직장인과 프리랜서가 받는 페이에는 사람들이 잘 알지 못하는 함정이 숨어있다.

한번은 외부 강의를 시작한 지 얼마 되지 않았을 때, 내 능력보다 과분한 페이의 일을 제안받았다. 한 회사의 직원들을 대상으로 세일즈 스킬에 대한 강의를 하는 것이었다. 오랜 꿈을 이룬 것처럼 너무나도 기뻤지만, 내 능력보다 과한 일을 준비하며 슬슬 부담이 다가왔다.

당연히 많은 돈을 받는 건 단기적으로는 매우 기쁜 일이지만, 장기적으로 봤을 땐 최악의 결과를 가져오기도 한다. 나 역시 내 능력보다 과한 페이를 받고 강의했으나(한 시간에 3백만 원) 결과는 최악이었다. 물론 강의 내용과 청중의 반응은 매우 좋았다. 다들 행복해하며 그 시간을 즐겼다.

그런데 강의를 끝내고 집으로 돌아오는 길에 갑자기 가슴이 답답해지면서 이런 생각이 들었다.

'내 강의가 3백만 원의 가치를 했나?'

3백만 원이라는 액수가 크건 적건 단지 돈의 문제가 아니었다. 그 돈을 지급한 사람은 분명 내게 가격 대비 높은 임팩트를 기대했을 것이다.

'나의 강의를 듣고 직원들의 판매력이 올라갔을까?'

나는 스스로 값어치만큼의 성과를 냈는지 곰곰이 생각했다. 그리고 처음으로 깨달았다.

'무조건 많이 받는 게 절대 좋은 게 아니다.'

이것은 프리랜서가 아닌 직장인도 마찬가지다. 법이 당신을 일자리로부터, 회사로부터 지켜줄 것 같은가? 그 법의 보호로 받은 급여에 당신의 가슴은 뛰는가? 나는 페이를 적게 받는 것보다 내가 돈값을 못 하는 걸 더욱 경계하고 조심하게 되었다. 내 몸값이 무조건 올라가는 게 좋은 것만은 아니란 사실을 깨달은 감사한 경험이었다.

그 후로는 일을 제안받았을 때 나의 기준은 페이가 아닌 나 자신이었다. 나의 전문 분야가 아니거나 새롭게 준비해서 해낼 정도의 일이 아니면 “제 능력을 벗어나는 분야여서요. 그 돈을 받고 그만큼의 가치를 해낼 자신이 없습니다”라고 말하며 정중히 거절했다.

반대로 가격을 조정해 달라는 요청을 받으면 “이미 다른 분야에서 이 정도의 금액을 받고 있습니다. 그래서 금액을 낮출 수도 없는 상황입니다”라고 답하며 거절의 의사를 밝힌다.

프리랜서로서 이것이 쉬운 방향만은 아니다. 하지만 당신에게 지속 가능한 일자리를 가져다줄 확실한 방법인 것도 사실이다. 당신의 몸값이 현저히 낮다고 생각된다면, 스스로 자기 능력을 솔직하게 되돌아보는 것이 좋다.

*

사람이 타인에 대한 인식을 바꾸는 데엔 오랜 시간이 든다. 따라서 좋은 첫인상이 좋은 관계를 만드는 시작점이 될 수 있다.

_솔로몬 애쉬(Solomon Asch)

02.

몸값이 급 올라가는 사람의 특성과 심리

월급을 3백만 원 받는다고 해서 딱 '3백만 원 정도의 일만' 하는 사람은 연봉이 많이 올라 봤자 일 년에 3~5% 정도밖에 오르지 않을 것이다. 이 정도는 물가 상승 대비 연봉이 올랐다고 할 수 없는 수치다 (그만큼 화폐의 가치가 떨어졌다).

직업 특성상 내 주변에는 다양한 분야의 프리랜서들이 많다. 그렇다 보니 '일거리가 많이 없는 사람',

'갑자기 초고속 성장하는 사람', 또 직장인이지만 '몸값을 키워나가는 사람' 등 수많은 사례를 직접 볼 수 있었다. 그중 몸값이 급 올라가는 사람들의 방법을 따라 했는데, 처음 시급 3천 원 아르바이트에서 지금은 시간당 3백만 원으로 나의 가치를 끌어올릴 수 있었다.

내가 주변 사람들을 보며 느낀 '몸값을 올리는 방법'을 잘 말해주는 《세이노의 가르침》이란 책이 있다. 특히 〈나의 어린 시절 아버지〉 챕터에는 저자 아버지의 아주 특별한 가르침이 나온다. 예를 들어 아버지가 담배를 사 오라고 했을 때 담배만 사다 드리면 꾸중을 들었다. 재떨이와 성냥, 그리고 물까지 준비해야 한다는 것이다.

어느 겨울, 모든 걸 준비하여 갖다 드렸는데도 아버지는 혀를 쯧쯧 찼다.

"사내새끼가 머리가 그것밖에 안 돌아가면 어디다 쓰겠냐. 담배를 피우면 연기가 나오지?"

창문을 조금 열어 놓으란 뜻이었다. 그런데 아버지의 꾸중은 단순히 세이노의 행동을 혼낸 것이 아니다. 나무만 보지 말고 전체 숲을 봐야 하듯이 사업을 하거나 일을 할 때 '전체를 보는 능력'을 키우라는 가르침이었다.

나는 이 부분을 읽으면서 또 다른 의미로 해석하고 받아들였다. 월급 3백만 원을 받으면 그 액수보다 훨씬 높은 값어치를 내기 위해 노력해야 한다. 그렇게 노력한다고 해서 당장 월급이 5백만 원으로 오르지는 않겠지만, 인생에 반드시 5백만 원 이상의 돈을 받을 기회가 오게 될 것이다.

나는 대학생 시절 아르바이트를 할 때 받는 시급이나 월급은 그냥 보너스라고 생각했다. 돈 액수의 크기나 일이 얼마나 힘들고 쉬운지는 내게 중요하지 않았다. 왜냐하면 내가 취업을 준비하던 당시도 지금 시대만큼 취업난은 마찬가지였으며, 내가 명문대를 다닌 것도 아닌데다가 전공마저 무용학이라 감사한 마음이 더 컸다.

오히려 당시 내 상황에서 아르바이트는 어려운 취업에 비해 내가 해보고 싶었던 실무를 경험할 좋은 기회였다. 아무리 내가 꿈꾸던 일이 있어도 취직을 못 하면 실무를 경험할 수 없다. 그런데 실무를 경험해 보지 못한다면 그 일이 정말 나에게 맞는지 알 방법조차 없는 것이다.

그래서 취업의 어려움 속에서도 비교적 쉽게 실무를 경험할 수 있다는 생각에 받는 돈은 크게 중요하지 않았다. 나는 아르바이트나 프로젝트 일을 할 때 뭐든 더 시도하고, 더 많은 일을 경험하려고 노력했다. 나에게 있어 아르바이트는 자본금 투자나 리스크 없이 상상했던 일을 모두 할 수 있는 너무나도 좋은 기회였다.

당신도 지금 일하고 있는 곳에서 더욱더 많은 시도를 해보라. 더군다나 당신의 노력은 주변 사람들에게 지금 다니고 있는 회사를 위해 정말 최선을 다하고 있다는 이미지를 심어줄 뿐만 아니라 궁극적으로는 회사가 아닌 당신 자신을 위한 노력이 될 것이다.

당신은 무한한 가능성을 지니고 있고, 무엇이든 될 수 있는 대단한 존재다. 그러니 지금 받는 월급과 자신을 비교해 스스로 과소평가하지 않았으면 한다.

당신은 위대한 항해를 떠난 것이다. 잠시 들른 작은 섬을 내 인생의 모든 업적이라 착각하지 말고, 다음 출항을 위해 준비하고, 또 준비하자. 당신은 당신이 생각하는 것보다 훨씬 더 대단한 사람이다.

*

우리는 '찍는 자'가 아니라 '선택자'가 되어야 한다. '선택자'는 어떤 선택이 왜 중요한지, 어떤 선택으로 자신의 어떤 면이 드러나는지 생각할 줄 아는 사람이다. 반면 '찍는 자'는 선택의 중압감으로 아무거나 고르는 사람이다.

_배리 슈워츠(Barry Schwartz)

03.

환경을 바꿔야 급여가 바뀌는 과학적인 이유

아무리 열심히 일해도 당신의 급여가 마음에 들지 않는다면 지금 당장 이직이든, 퇴사든, 프리랜서 선언이든 실행하라. 하지만 이런 말을 들었을 때 많은 사람이 쉽게 결정하지 못한다. '가정이 있어서', '월 고정 생활비가 있어서', '자녀가 학교에 들어가서' 등 여러 핑곗거리를 생각하는 게 대부분이다.

그러나 환경을 바꾸지 않으면 상황도, 급여도 변하지 않는다. 그저 남 탓과 신세 한탄으로 자기합리

화를 한다면 3년 뒤에도, 5년 뒤에도 계속 그 자리에서 같은 대우를 받을 뿐이다. 그렇게 세월이 흘러 30~40년 후 자녀에게 "내가 너희를 키우느라 이렇게 늙었는데, 어떻게 나한테 이렇게 대할 수 있어?" 이런 말만 내뱉는 부모가 될 수도 있다.

먼저 인정하라. 모든 선택은 내가 한 것이다. 또 모든 결과도 나의 선택으로부터 온 것이다. 물론 주변 환경의 영향을 무시할 순 없다. 그럼에도 불구하고 인생을 변화시키고 싶다면, 그 주변 환경 또한 내가 변화시킬 줄 알아야 한다. '머슴살이를 해도 대감집에서 해라'라는 속담이 있다. 같은 머슴이어도 어떤 주인을 만나는지에 따라 달라지듯 우리 삶의 질은 어떤 환경인지에 따라 결정된다.

실제로 환경을 바꿔야 급여가 바뀌는 게 세상이다. 나는 주변 사람들에게 지금 받는 급여가 만족스럽지 않으면 환경부터 바꾸란 이야기를 정말 많이 해준다. 하지만 돌아오는 태도는 '그깟 환경 바꿔서 급여가 오른다고?' 정도이다. 솔직히 나도 선배에게 이 말을 들었을 때 믿지 않았다. 이미 성공한 사람들이 하는 듣기 좋은 말뿐이라고 생각했다.

그러나 이미 우리는 환경을 바꿔야 급여가 바뀌는 수많은 이유 속에서 살고 있다. 예를 들어보겠다.

미국의 대표적인 기업인 애플에서 일하는 청소부의 시급이 3만 원이라고 가정해 보자. 한국에 있는 빌딩을 청소하는 청소부는 시간당 1만 원을 받고, 최빈국인 캄보디아에서 일하는 청소부는 한 시간에 약 3백 원을 받는다. 과연 캄보디아에서 일하는 청소부가 미국 애플의 청소부보다 능력이 부족할까? 이들의 시급은 무려 100배 차이가 난다.

물론 캄보디아에서 일하는 청소부는 영어를 못하고, 미국 비자도 없다. 절대 같은 여건이라고 말할 수 없다. 하지만 단순 청소하는 능력만 놓고 보았을 때, 시급을 100배나 차이 나게 지급할 정도의 능력 차이가 있는가를 생각하게 되는 사례이다.

이들의 시급에서 결정적인 차이는 바로 '환경'이다. 먼저 나를 바꾸고 발전시키는 데는 시간과 비용이 너무나도 많이 든다. 하지만 내가 매일 만나는 사람, 매일 읽는 책, 매일 출근하는 곳을 바꾸는 것은 생각보다 어려운 일이 아니다.

내가 졸업한 대학교 무용과에 유현경이라는 후배가 있다. 그녀는 고등학교, 대학교 내내 무용을 전공했지만, 스튜어디스가 되는 게 꿈이었다. 그녀는 꿈을 위해 환경을 바꿨다. 사실 그녀의 학교는 서울 대학로(혜화역) 근처인데 본가는 충청북도 청주여서 자취를 했다. 그런데 졸업 준비로 가장 바쁜 대학교 4학년 때, 자췻집에서 1시간이나 더 걸리는 마곡역 근처로 이사했다. 등교에만 왕복 2~3시간이 걸리는 곳을 그녀가 굳이 선택한 이유는, 그곳에 스튜어디스들이 많이 살고 있다는 것 때문이었다.

그녀는 단지 스튜어디스가 되고 싶어서 긴 시간이 걸려도 그곳에서 자취를 시작한 것이다. 스튜어디스를 준비하며 지치거나 포기하고 싶을 때마다 지나다니는 스튜어디스들을 보며 다시 마음을 다잡고, 동기부여를 받았다. 어려운 영어 공부도 스튜어디스들이 자주 오는 카페에서 그녀들을 보며 포기하지 않고 해 나아갔다.

결과는 어땠을까? 당당하게 우리나라 최고의 항공사라는 대한항공에 입사했다. 관련 전공도, 근무

경력도, 아무것도 없이 스튜어디스 채용에 응시해 합격한 것이다.

사람이라는 생명체는 수지 타산이나 일반적인 논리로는 도저히 증명할 수 없는 신비한 존재다. 보통의 사람이었다면 "뭐 하러 이동시간, 자취 비용을 낭비하며 마곡역 근처로 이사했냐?"라고 비아냥거렸을 것이다. 그러나 결과를 봐라. 사람에게 정말 중요한 건 환경이다.

만약 당신도 자신과 맞지 않는 환경에 살고 있다면, 지금 당장 벗어날 용기가 필요하다. 〈알쓸신잡 3〉에 출연한 김영하 작가가 이런 말을 했다.

"우리가 오래 살아온 공간에는 상처가 있다."

그래서 사람들이 그 비싼 돈을 들여서 호텔이나 리조트에 가는 것이다. 집에선 아무리 휴식해도 아이를 키우느라 힘들었던 기억과 집안일을 했던 기억 등에 사로잡혀 진정한 휴식을 취하지 못하기 때문이다.

이처럼 사람은 공간에 대한 기억력이 높다. 그리고 그 기억은 앞으로 우리의 삶에 지대한 영향을 끼친다. 때론 이 환경을 바꿔주는 것만으로도 달콤한 휴식이 될 수 있고, 엄청난 동기부여를 받을 수도 있다. 지친 나의 일상에 힘을 주는 게 '환경과 공간'의 능력이다.

당신이 지금 무엇인가 변화를 꿈꾼다면, 그 꿈을 이미 이룬 사람들이 모이는 곳으로 가 보아라. 그리고 받고 싶은 대우가 있다면, 그 대우를 이미 받는 사람들이 모이는 곳으로 가라. 또한 내가 지금 안 좋은 환경에 놓여 있다면, 그 환경으로부터 과감하게 빠져나올 용기가 필요하다. 환경을 바꾸는 순간, 당신의 모든 것이 바뀌기 시작할 것이다.

*

모든 위대한 꿈은 '꿈꾸는 사람'으로부터 시작된다. 항상 기억하라. 당신은 세상을 바꾸기 위하여 별들을 향해 도달할 힘, 인내심, 그리고 열정을 가지고 있다는 것을.

_해리엇 터브먼(Harriet Tubman)

04.

직장 다니며 효율적으로 자기 계발하는 방법

지금은 과거처럼 회사만 '직업'을 만들어 주는 세상이 아니다. 예전에는 회사가 취직을 허락해야만 '사원'이 될 수 있었다. 방송사가 입사를 허락해서 아나운서나 쇼호스트가 되는 것처럼 말이다. 하지만 지금은 어떤가? 내가 사업자 등록만 하면 사원이 아닌 바로 '대표'가 되는 세상이다.

아나운서? 쇼호스트? 설령 합격 못 하면 뭐 어떤

가? 당장 스마트폰으로 영상을 찍거나 라이브 방송을 켜고 "안녕하세요. 아나운서 OOO입니다. 쇼호스트 OOO입니다"라고 말만 하면 끝인 세상이다.

그렇다. 100세 시대에 60세로 정년이 제한된 직장을 찾는 게 아니라, 내 인생에서 나 자신이 주(主)가 되는 직업을 찾아야만 하는 시대인 것이다. 사실 나도 현대홈쇼핑 신입 시절부터 생각했다. 당시 나는 인턴 신분이었는데 만약 6달 동안 좋은 평가를 받지 못하면 그대로 잘리는 시스템이었다.

이미 그때부터 '내 명함에서 현대홈쇼핑(회사), 쇼호스트(직업)를 빼고 돈을 버는 게 진짜 나의 능력이구나'라고 생각했다. 그 뒤로 나는 수많은 자기 계발과 새로운 파이프라인(본업 외에 별도로 벌어들이는 소득)을 만들려고 노력했다. 물론 전제 조건으로 회사 생활도 열심히 해서 인턴 합격도 했으며, 지금 다니고 있는 CJ로 이직까지 할 수 있었다.

이제는 '평생직장'이라는 개념 자체가 난센스다. 최근에 보험 가입을 하려고 알아보았더니 120세 만기까지 나온 상품이 있었다. 앞서 말했듯이 120세는 너무하니 100세까지 산다고 가정했을 때 정년(퇴직 나이) 기준, 직장에 모든 걸 올인하고 퇴직해도 아직 남은 인생이 30~40년이다. 이때 어떻게 먹고살지를 미리 준비하지 않으면 안 되는 것이다. 이것을 깨달은 나는 직장이 아닌 직업을 찾기 시작했다.

그렇다면 직장을 다니면서 효율적으로 자기 계발을 하는 방법은 무엇일까?

첫 번째, 지금 다니는 직장의 업무를 우선시해야 한다.

나의 생활비도 투자할 자기 계발비도 지금 다니고 있는 직장에서 나온다는 것을 잊지 말아야 한다. 만약 프리랜서가 된다면 내 능력도 중요하지만, 주변 사람의 도움을 무시할 순 없다. 그렇다고 너무 주변을 의식해서 자기 계발을 숨기라는 게 아니다.

직장에서의 내 의무를 다하고 나를 관리하는 모습은 주변 사람들이 나에게 모이고, 알아서 나를 따라오게 만들어 준다. 먼저 나 자신이 좋은 사람이 되어라. 그 시작은 나에게 주어진 지금 직장의 업무에 최선을 다하는 것이다. 눈치 볼 필요 없다. 할 일 다 하고, '내 할 일' 찾자는 말이다.

두 번째, 퇴근하고 공부하지 마라.

사람이 사용할 수 있는 에너지는 무한하지 않다. 연초에 헬스클럽이나 운동 프로그램을 1년 치 끊었으나 '기부 천사'가 된 기억이 있을 것이다. 이런 현상에는 다양한 이유가 있겠지만, 아마 대부분 퇴근 후 운동하러 갔을 것이다. 사람의 에너지나 의욕은 유한하다. 그 유한한 에너지를 이미 직장에서 다 사용해서 퇴근 후 뭘 하려고 해도 의지가 약해지고, 결국 계획한 것들을 포기하게 된다.

퇴근하고는 차라리 휴식을 취하는 게 낫다. 어차피 내 인생에 엄청난 사건이 일어난 직후가 아니라면, 퇴근 후 자기 계발은 정말 비효율적이다. 그냥 쉬어라. 근육으로 비유하면 나의 멘탈은 이미 알이 배긴 상태이다. 그런데 쉬지 않고 더 무리하면 근육이 끊어져 움직이지 못하는 것처럼 모든 계획을 포기하게 될지도 모른다.

세 번째, 퇴근 후 시간은 그냥 단순 작업을 하라.

어차피 퇴근 후 시간은 직장에서 일하는 동안 모든 에너지를 쏟아부었기에 뭘 해도 집중하기 어렵다. 그렇다고 마냥 TV와 스마트폰만 볼 수는 없다. 이럴 땐 비교적 단순 작업을 하는 게 좋다. 내 경우, 미리 만들어 놓은 SNS에 올릴 릴스 영상의 자막 맞춤법을 마지막으로 검사하거나 한 달, 일주일, 하루의 스케줄을 정리하고, 미뤄왔던 일기를 작성하며 하루를 복기한다.

이렇듯 새로운 창작활동이나 그동안 하지 않았던 분야에 대한 새로운 도전은 피하고, 머리나 육체를 크게 쓰지 않고도 할 수 있는 단순 작업을 해 나가면 된다. 자기 계발이라는 게 꼭 큰 노력만을 말하는 게 아니다. 손톱을 정리하고, 내일 입을 옷을 미리 맞춰두고, 혹시 코털이 빠져나오진 않았는지, 집 정리가 되지 않았는지 등 단순하고 기본적인 것도 자기 계발의 근간이라고 할 수 있다.

운동도 심하게 하지 말고, 그냥 기분 좋게 30분 정도만 산책하는 것도 좋은 방법이다. 부담 없이 걸으며 감정과 체력을 회복하면, 더 나은 내일을 준비할 수 있는 귀한 밑거름이 되어준다.

네 번째, 점심시간을 잘 활용하라.

생각보다 점심시간은 매력적인 시간이다. 만약 점심시간에 자기 계발을 할 계획이라면 개인 도시락을 챙겨 가라. 점심값도 절약하고, 듣기 싫은 직장 상사의 이야기를 굳이 점심시간까지 들을 필요가 없어진다. 게다가 점심시간의 사무실은 대부분 조용하다.

각자 산책하는 사람, 운동하러 간 사람 등 웬만한 사람들은 쉬는 시간인 점심시간에 사무실에 있고 싶지 않아 한다. 또한 점심시간은 길지 않고 시간적 제한이 있어서 30~50분 정도 집중하는 것에 대한 부담도 적고, 짧은 시간밖에 없다는 생각이 심리적으로 작용해 절실함까지 느끼기도 한다.

이렇듯 자기 계발은 선택이 아닌 필수인 시대에

우린 살고 있다. 그렇다고 해서 너무 조급할 필요는 없다. 큰 목표를 잡아 작심삼일도 못 가 포기하는 것보다는 작지만 즐겁고 지속 가능한 목표를 잡아 포기하지 않고 계속해서 자기 계발해 나아가는 선순환을 만드는 것이 가장 중요하다.

중요한 건 일단 작은 것부터 지금 당장 시작하고, 내가 상상했던 것과 맞지 않으면 빠르게 그만두는 것이다. 언제나 플랜 B는 내가 무엇을 시도하고 포기해야만 내 앞에 나타나 주기 때문이다. 포기도 하나의 또 다른 선택이라는 걸 알았으면 한다.

*

앞서가는 비밀은 '시작'하는 것이다. 시작하는 비밀은 복잡하고 과중한 작업을 내가 감당할 수 있을 만큼의 작은 업무로 나누고, 그것의 첫 번째 업무부터 시작하는 것이다.

_마크 트웨인(Mark Twain)

05.

내 능력보다 유능하게 보이는 5가지 전략

나는 학벌사회인 대한민국에서 명문대를 졸업하지 못했다. 게다가 무용을 전공했기 때문에 내가 하고자 했던 금융업과 방송 계열에 필요한 경력도, 대외활동도 없었다. 그렇다고 해서 내가 일하고 싶은 분야의 취업을 포기하고 싶지는 않았다. 나의 상황을 냉정하게 바라봤을 때 누구나 하는 기본적인 노력은 너무 당연했고, 성과를 낼 수 있는 뭔가가 필요

했다.

나는 남들보다 더 돋보여야만 지금 상황에서 승산이 있다고 결론내렸다. 그리고 어떻게 하면 능력이 같은 상황에서 더욱더 유능해 보일 수 있을지를 궁리했다. 사실 이 세상에 스스로 노력하지 않고 유능해 보이는 방법은 없다. 그것은 상대방에 대한 기만이며 사기다.

이번 챕터는 자신의 목표를 위해 노력할 때 더욱 효과적인 방법을 알려주겠다. 자신이 노력한 만큼 효과가 안 나오는 것을 미리 예방하는 차원이라고 생각하면 이해하기 쉬울 것이다.

미국의 심리학자 로버트 치알디니(Robert B. Cialdini)는 '설득의 대부'로 불린다. 그가 세계적인 석학들과 공저한 《사회심리학》에는 〈유능해 보이는 5가지 전략〉을 다음과 같이 말한다.

첫 번째는 '호감'이다.

호감은 사람이 유능해 보일 수 있는 가장 중요한 기초다. 한 연구 결과에 의하면 '업무와 무관하게 상사의 호감을 얻는 직원이 더 높은 연봉을 받는데, 단순 호감만으로 4~5%의 임금 인상 효과가 있었다'라고 한다(Deluga & Perry. 1994).

만약 당신이 좋아하는 사람과 함께 프로젝트를 하다가 실수했다. 그러면 '사람이 실수할 수도 있지' 이렇게 그냥 넘어가겠지만, 당신이 정말 싫어하는 사람이 똑같은 실수를 했다면 그냥 넘어가기는 힘들 것이다. 이처럼 호감이 주는 힘은 엄청나다.

그렇다면 호감은 어떻게 주는 걸까? 원리는 아주 단순하다. 입에서 냄새가 나지 않는지, 내가 지금 입은 옷의 구김이 심하지는 않은 지 등 기본적인 것부터 신경 쓰면 된다.

나는 대학 시절 가난한 학생이라 옷이 많지 않아서 별명이 '단벌 신사'였다. 그래서인지 혹시 내가 입은 옷에서 냄새가 나는지, 옷 컬러 매치가 맞는지 등 기본적인 것을 꼭 체크하는 습관이 생겼다(어차피 옷을 더 살 순 없었으니 몇 벌 안 되는 옷에서 신경 쓸게 이것밖에 없었다.).

누군가는 '외면이 아무리 멋있어봤자 내면이 중요

한 거 아니냐?'라고 질문할 수 있다. 맞는 말이다. 그러나 외면을 잘 관리하지 않으면, 잘 가꾼 내면을 보여줄 기회조차 없는 시대에 우리는 살고 있으므로 '기본적인' 외모를 가꾸는 건 당신의 호감에 상당한 영향을 미친다.

두 번째는 '잘 보여주기'이다.

호감만으로 유능해 보인다는 건 이해가 가지 않을 수 있다. 유능해 보임에 가장 큰 핵심은 '나의 무능함을 최대한 감추고 유능함을 과장하는 것'이다. 즉 무능하기만 하면 유능하게 보이는 것조차 불가능하므로 어느 정도 내실이 있어야 하며, 노력도 필요하다는 것이다.

만약 당신이 노력해서 토익점수를 900점이나 받았다고 치자. 하지만 그 사실을 주변 사람들이 알까? 대개 사람들은 안 좋은 소식에는 관심이 많지만, 잘 된 좋은 소식에는 그다지 관심이 없다. 여기에서 가장 중요한 포인트는 '내가 계발한 나의 장점을 스스로가 주변에 널리 알려야 한다'라는 것이다.

당신이 새롭게 시작한 운동이나 자기 계발이 있다면 SNS에 당당하게 올려보자. 또는 카톡 프로필로 지정해 보자. 아마 바로 직장 동료들과 당신이 만나는 사람들이 '오~ 요즘에 운동 시작했던데? 새롭게 뭐 시작했던데?'라고 말하는 것을 경험할 것이다.

세 번째는 '남이 나를 칭찬하게 만드는 것'이다.

내 입으로 '나 잘났다'라고 말하는 것보다 다른 사람들이 나를 칭찬해 주는 게 훨씬 더 큰 효과가 있다는 건 이미 당신도 알 것이다. 하지만 어떻게 해야 상대방이 나에 대해서 칭찬할 수 있을까? 가장 일반적인 방법은 내가 먼저 상대방의 선행이나 업적, 성취를 기억하다가 사람이 많은 자리에서 상대방을 칭찬하는 것이다. 그러면 그 칭찬받은 상대방도 반드시 기억하고 있다가 똑같이 사람이 많은 자리에서 나를 칭찬할 것이다.

이것을 심리학에선 '미러링 효과(Mirroring Effect)'라고 한다. '미러링'은 무의식적인 모방행위를 일컫는 심리학 용어로, 타인의 행동을 거울에 비춘 것처럼 똑같이 따라 한다는 것을 뜻한다. 칭찬하는 데 돈 들지 않는다. 최대한 사람 많은 곳에서 많은 사람을 칭찬하라. 그대로 당신에게 돌아올 것이다.

네 번째는 '내 무능함을 들키지 않는 것'이다.

옛말에 '가만히 있으면 중간은 간다'라는 말이 있다. 당신이 잘 모르는 분야의 이야기가 대화의 주제일 땐, 침묵을 지키거나 그 자리를 회피하는 게 나의 무능함을 알리지 않는 효과적인 방법이다. 만약 회피할 상황이 아니라면 솔직하게 '잘 모른다'라고 고백하는 게 훨씬 더 세련된 방법이다.

괜히 잘 모르는 걸 아는 척하며 잘못된 정보를 내 입 밖으로 내뱉는 순간, 당신의 무능함을 들키는 것은 기본이고, 당신에 대한 신뢰까지 무너질 것이다. 이러한 실수는 최대한 피하는 것이 좋다.

다섯 번째는 '핑계 대기'이다.

핑계는 유능함과 거리가 멀다고 생각할 것이다. '핑계 대는 사람이 유능해 보이는 사람이라고?' 이렇게 생각할지도 모른다. 하지만 여기서 말하는 핑계란 '모두가 이해할 만한 핑계'를 뜻한다. 내가 불리하거나 능력이 부족한 상황이라면, 모두가 이해할 만한 변명거리를 만들어 두는 것이 효과적이다.

일 처리를 할 때 자기 스스로 성공을 방해하는 장애물을 만드는 것을 '자기 불구화 전략(Self-handicapping Strategy)'이라고 한다. 예를 들어 "제가 심한 감기에 걸려서 오늘 발표 때 목소리가 안 좋을 수 있습니다"라고 말한다면 성공을 방해할 만한, 그리고 모두가 이해할 만한 방해물을 미리 만들어 놓은 것이다.

그 장애물은 당신이 실패했을 때 무능한 이미지를 얻지 않도록 보호해줄 것이고, 설령 성공한다면 그 성공을 더욱더 빛나게 할 것이다. 마찬가지로 이성에게 단순히 "사랑해"라고 말하는 것과 "사실 아버지가 무뚝뚝한 경상도 분이라 이런 표현을 못 보고 자랐고, 나도 경상도 남자라 해본 적이 없어서 부끄러워. 그렇지만, 사랑해"라고 말하는 것은 크게 다르다.

자기 불구화 전략으로 상대가 이해할 만한 방해물

을 만든 후 '사랑해'라는 고백이 더욱 달콤하게 느껴지지 않는가? 이렇듯 주변 사람에게 피해 주지 않고, 거짓을 말하지 않는 선에서 모두가 이해할 수 있는 변명을 하는 것이 유능해 보이는 마지막 전략이다.

지금 당장 활용할 수 있는 〈유능해 보이는 5가지 전략〉을 알아보았다. 여기서 가장 중요한 건, 5가지 전략을 사용한다고 해서 무능한 사람이 유능해지는 것이 절대로 아니라는 것이다. 단지 내가 한 노력에 비해 유능해 보일 수 있을 뿐, 나의 기본적인 노력과 능력이 없다면 5가지 전략은 오히려 당신을 주변 사람들과 멀어지게 하고, 결국 당신을 외롭게 만들 것이다.

가장 중요한 건 '나'라는 실체가 있어야 가능하다는 것이다. 이 사실을 절대로 잊지 말자.

*

다른 사람을 설득해 특정한 행동을 이끌어내려 할 때 '예'라는 말은 가장 아름다운 단어로 들릴 것이다. 하지만 '예' 다음에 이루어지는 행동이 없다면 소용이 없다.

_로버트 치알디니(Robert B. Cialdini)

CHAPTER 4

‘해볼까?’를 ‘해보자!’로 바꾸면 마법이 일어난다

01.

무조건 응원받고 칭찬받는 사람들의 비밀

우리가 살아가면서 하는 모든 일은 '함께'하는 일이 많다. 학교 과제는 물론 군대 훈련, 직장 생활, 심지어 프리랜서 일도 혼자 하는 게 아니라 서로 협력하며 상생한다. 아무리 자기 분야에서 실력이 좋고 멘탈이 강한 사람이라도 혼자서 온전한 컨디션을 발휘하는 건 정말 힘든 일이다.

영국의 철학자 토머스 홉스(Thomas Hobbes)는 "인간은 자기 보존을 위해 상대의 것을 빼앗고 배신하기도 하지만, 미래의 더 큰 이익을 위해 협력한다"라고 말했다. 이렇듯 인간은 과거 먼 옛날부터 서로 협력할 때 더 강한 시너지를 낼 수 있었다.

지금도 주변 동료나 다른 사람들에게 응원받을 때와 받지 못할 때, 개인의 능력과 평판의 차이가 나는 건 기정사실이다. 생각해 보자. 그렇다면 응원과 칭찬받는 사람이 될 때 지금보다 훨씬 삶이 순조로워지고, 성공에 빨리 도달할 수 있지 않을까?

과거 나는 그 어떤 칭찬도 받지 못하는 사람이었다. 친구들 사이에서 그다지 인기도 많지 않았으며 '너무 말 많은 사람', '말 센스가 너무 없는 사람'일 뿐이었다. 그러던 어느 날, 나는 같은 행동에 다른 평가를 받는 경험을 했다.

대학 시절, 주변 사람들에게 평판이 좋고 자주 칭찬받는 동기가 있었다. 그런데 한번은 이 동기가 수업 시간에 살짝 지각했다. 그러자 교수님의 반응은 "이 시간에는 좀 그럴 수 있지. 오느라 고생했어"라며 좋게 넘어가는 분위기였다.

하지만 평판도 보통이고, 그다지 응원받지도 못한 내가 살짝 지각했을 때는 전혀 달랐다. 분명 같은 수업, 같은 교수님인데 그 동기와 다르게 나는 지각 처리는 물론 함께 공부하는 학생들 앞에서 질타까지 받았다. 나는 이 일을 평생 잊을 수가 없었다.

이 경험을 계기로 '회사와 사회는 공정하지 못하다'라는 것을 깨달았다. 실제로 회사에서의 정성 평가(定性評價, 일 · 가치 · 전문성 등을 평가) 기준도 상당히 모호하다. 사람이 살아가면서 응원받는 것은 정말로 중요하다. 그 뒤로 나는 내 주변에서 응원받고 칭찬받는 사람들의 행동과 특징을 집요하게 관찰하고 따라 하기 시작했다.

주변 사람들에게 응원과 칭찬을 받는 사람들의 공통점은 다음과 같다.

첫째, 리액션이 너무나도 좋다.

사람은 태어나자마자 부모의 리액션에 기분 좋은 반응을 한다. 그리고 리액션에 편안함을 느낀다. 사람이 살면서 가장 오래 함께 시간을 보낸 존재가 누구일까? 특수한 상황을 제외하면 2, 30대 기준, 대부분 엄마와 시간을 가장 많이 보낼 것이다.

특히 엄마라는 존재는 아이에게 정말 특별하다. 엄마는 아이의 작은 변화에도 엄청난 반응을 한다. "우리 아이가 글쎄, 윙크했어", "우리 아이가 방금 말을 한 것 같아", "오늘 보니까 걸으려고 한 것 같은데?" 이렇듯 아이가 숨만 쉬어도, 아주 작은 변화만 보여줘도 엄마는 엄청난 리액션을 보여준다.

그래서 사람들은 자연스럽게 리액션 중 하나인 아부나 아첨에도 편안함과 행복함을 느끼는 것일지도 모른다. 리액션을 잘하고 싶다면 상대방을 어린아이라고 생각하고 대해보자. 작은 변화에도 즉각적으로 크게 리액션하라. 단 상대의 상태를 봐 가며 해야 한다. 대화 중이거나 함께 있는 사람들의 반응에 상대적으로 즉각적이고 큰 리액션을 하라는 것이다.

예를 들어 조용한 공공장소에서 과하게 큰 리액션은 오히려 상대방에게 불쾌감을 줄 수 있다. 또한 상대방의 나이와 직업, 지금 심리상태 등을 파악해서 상대방이 듣고 싶고, 보고 싶어 할 만한 리액션을 하라. 상대방은 당장 앞에선 “뭐야 왜 그래~” 이렇게 말할 수도 있지만, 어느 순간 좋은 자리에 당신을 가장 먼저 초대할 것이며, 당신이 없는 자리에서도 당신 칭찬을 할 것이다. 그리고 당신이 상대방에게 한 것처럼 상대방 역시 당신의 작은 변화도 칭찬하고 반응해 줄 것이다.

둘째, 긍정적 사고와 언행을 사용한다.

내가 사람들과 프로젝트를 하면서 가장 함께하기 싫은 스타일은 부정적인 사람이다. 그 상황이 정말 힘들어도 “안 될 거야”, “망했어”, “이거 진짜 힘들겠는데?”라고 부정적으로 말하면 주변 사람을 지치게 할 뿐 아니라 당신을 외롭게 만들 것이다(아무도 당신과 함께 일하고 싶어 하지 않는다.).

반면 상황이 정말 힘들어도 혹시 모를 작은 희망의 빛줄기를 찾으려 노력하고, 끝까지 포기하지 않는 모습은 주변 사람들에게 나를 각인시킨다. “그래도 김민성 님이랑 했으니 이 정도라도 한 거지”, “김민성 님 없었으면 더 망했을 거야." 이처럼 목표를 이루는 데에 있어서 결과적으로는 실패했어도, 프로젝트를 함께하는 일원의 역할로는 무조건 성공하는 방법이다.

안 좋은 상황을 인지하지 못한 채 무턱대고 긍정적인 생각만 하라는 게 아니다. 지금 상황이 최악이라 할지라도 끝까지 최선을 다하는 자세를 보여줘야 한다는 것이다.

예를 들어보겠다. 만약 당신이 100만 원을 주고 A와 B 두 사람을 고용했다. 그런데 계획한 프로젝트의 목표치를 달성 못 할 것 같다. 솔직히 망해간다. 하지만 아직 끝나지는 않은 상황이다.

A : 아, 오늘은 안 되겠네요

B : 끝날 때까지 끝난 게 아닙니다. 마지막까지 뭐든 해보시죠.

당신은 다음 프로젝트 때 A와 B 두 사람 중 누구를 재고용할 것인가?

응원받고 칭찬받는 건 사실 간단하다. 매번 모든 프로젝트에서 성공하고 실수하지 않으면 된다. 하지만 우린 사람이다. 일의 결과를 정할 수 없다면, 노력으로 바꿀 수 있는 것에만 집중하자. 힘든 상황에 좌절하는 게 아니라 더욱더 열심히 할 수 있고, 힘낼 수 있는 원동력을 활용하라. 결과와 상관없이 그 프로젝트를 해 나가는 과정에 최선을 다하면 되는 것이다.

셋째, 자신의 부족함에 솔직하다.

예전에 나는 주변 사람들에게 내 부족함을 들키면 모든 게 무너져 내리는 줄 알았다. 게다가 어딜 가든 주변에 나의 단점을 끄집어내 웃음거리로 만드는 사람들이 한 명씩은 있다. 하지만 걱정할 필요 없다. 위기는 곧 기회이며, 언제나 함께 온다. 사실 주변 사람들에게 나의 부족함으로 공격받을 때가 주변 사람들에게 응원받을 수 있는 절호의 기회이다.

미국의 심리학자 앨리엇 애런슨(Elliot Aronson)은 "결점이 전혀 없는 사람이 반드시 호감을 사는 것은 아니며, 가장 호감이 가는 사람은 평소엔 똑똑해도 오히려 작은 결점이 있는 사람이다"라고 말했다. 이것을 '엉덩방아 효과' 혹은 '실수 효과'라고 한다.

애런슨은 미리 녹화한 4명의 인터뷰 영상을 피실험자들에게 보여주고 호감도를 조사했다.

첫 번째 사람은 이미 사회적으로 성공한 사람이었고, 인터뷰 내용은 물론 작은 실수도 하지 않은 완벽한 사람이었다.

두 번째 사람은 마찬가지로 사회적으로 이미 성공한 사람이었지만, 행동이 조금 친근하고 인터뷰 중 실수로 책상 위의 커피를 넘어뜨렸다.

세 번째 사람은 사회적으로도 평범하고, 인터뷰 내용도 평범했으며, 아무런 실수도 없었다.

마지막 사람은 매우 평범했는데, 그는 매우 긴장한 듯 보였고 두 번째 참여자처럼 커피를 넘어뜨렸다.

피실험자들은 과연 어떤 사람을 가장 호감형으로 선택했을까? 놀랍게도 사회적으로 높은 위치에 있지만, 커피를 넘어뜨린 두 번째 사람을 피실험자들의 95%가 호감형으로 선택했다. 그 이유는 완벽한 사람을 만나면 '결점이 아무것도 없는 사람은 세상에 없어. 내 앞에서 음흉하게 자신의 단점을 숨기고 있을 거야'라고 생각해 오히려 거리감을 느낀다는 것이다.

당신이 알고 있는 대부분 만화나 영화의 주인공들은 완벽하지 않다. 물론 정의롭고 긍정적이며, 엄청난 능력과 가능성이 있지만, 가끔 허당끼를 보이며 실수한다. 스파이더맨이 거미줄을 타다가 떨어지거나 아이언맨이 물려준 중요한 선글라스를 악당에게 속아 넘겨주는 것은 모두 호감을 사기 위한 엉덩방아 효과라고도 볼 수 있다.

사실 지금 이 글을 쓰고 있는 나 역시 완벽한 사람, 지적인 사람으로 보이고 싶어서 책을 내는 것이다. 그런데 '완벽한 것'과 '호감형인 것', 그리고 '응원받는 것'은 조금 다른 관점인 것 같다. 내 경험상 대한민국은 조직 내 조금이라도 튀는 사람, 군계일학(群鷄一鶴) 같은 사람은 대부분 놀림이나 공격을 받을 수밖에 없는 구조다.

나 또한 아무 이유 없이 나를 놀리거나 낮추려 하는 사람이 있을 때, 선을 넘지 않는 선에선 웃으며 '이 사람이 날 또 주인공으로 만들어 주는구나' 속으로 생각하고 넘긴다.

그런데 엉덩방아 효과에 필수조건이 있다. 바로 '평소 노력'이다. 노력과 능력 없는 실수는 엉덩방아 효과에 해당하지 않는다. 애런슨의 실험에서 가장 비호감으로 피실험자들에게 뽑혔던 사람이 바로 '평범한데 실수까지 한 사람'이었다는 걸 잊어선 안 된다. 중요한 건 매일 발전하려 하는 나 자신이다.

*

당신이 아주 중대한 실수를 저질렀다 하더라도, 당신에게는 반드시 또 다른 기회가 있다. 우리가 실패라 부르는 것은 넘어지는 것이 아니다. 넘어진 채로 주저앉아 있는 것이다.

_메리 픽포드(Mary Pickford)

02.

만만한 사람과 존경받는 사람의 결정적 차이

내 주변에는 둘 다 똑같이 착하고, 친절한 성품을 가진 두 명의 사람이 있다. 두 사람 모두 상대를 대할 때 친절하고 예의 바르게 행동하는데, 이 두 사람에 대한 주변 평판은 정반대로 갈린다. 한 사람은 만만한 사람으로 평가받고, 또 한 사람은 정말 존경받는다. 아마 당신의 주변에도 이런 사례가 분명히 있을 것이다.

그러면 이 두 사람의 차이는 무엇일까? 두 사람 모두 사람들에게 친절한 자세로 대하는데, 왜 누구의 친절은 당연하고, 누구의 친절은 감사하다고 느끼는 걸까? 일본의 심리학자 나이토 요시히토(Yoshihito Naito)는 이렇게 말했다.

"사람은 곧잘 착각한다. 내가 좋은 사람이 되면, 상대도 나를 좋은 사람으로 느낄 것이라고. 하지만 인간의 심리는 그렇게 간단하지 않다. 때론 인간관계에서 진심 어린 마음보다 심리학 기술 몇 개가 훨씬 큰 도움이 되곤 한다."

사실 처음부터 상대방에게 무례하게 대하는 사람은 많지 않다(만약 있다면 뒤도 돌아보지 말고 손절하라.). 점점 자신이 상대방에게 무례하게 행동해도 된다는 허락의 신호를 자신도 모르게 보내기 때문에 상대방이 무례해지는 경우가 많다고 한다. 영화 〈부당거래〉 중 '호의가 계속되면 그게 권리인 줄 안다'라는 대사가 많은 사람에게 회자(膾炙)되는 것도 같은 이유다.

만만하게 보이는 사람과 존경받는 사람의 가장 큰

차이점은 상대방의 부탁을 '잘 거절하느냐'와 '못 하느냐'이다. 착하고 선한 사람 대부분이 거절을 잘 못한다. 그리고 못된 사람들은 거절 못 하는 착한 사람들의 특징을 악용할 확률이 높다.

만약 당신이 모든 부탁을 잘 들어주는 타입이라면, 그 결과는 참담할 것이다. 남의 부탁을 도와주느라 정작 자기 일을 놓칠 것이고, 상대방은 당신을 이미 쉽게 도와주는 사람으로 인식했기 때문에 당신이 도와주는 행동에 대한 고마움도 느끼지 않을 것이다.

그뿐만 아니라 당신이 도와주기로 한 부탁을 완벽하게 도와주지 못한다면, 자신이 부탁한 입장이라는 것도 망각한 채 주변 사람들에게 당신을 약속 안 지키는 사람이나 책임감 없는 사람이라고 비난하며 욕하고 다닐 가능성도 있다. 이렇게 무분별한 선행은 오히려 나를 '착하고 일 못하는 사람'으로 오해하게 만든다.

반면 똑같이 착하고 선하게 행동하지만, 존경받고 만만하게 보이지 않는 사람들의 특징은, 자신이 할 일을 못 하면서까지 다른 사람에게 쉽게 도움을 주지 않는다. 그리고 내가 할 일을 못 했거나 여유가 없는 상태에서 남에게 도와달라는 부탁을 받았을 때 현명하게 처신한다.

"지금 일을 도와줄 수 없는 상황입니다. 하는 일이 마무리되면 도와드리겠습니다. 혹시 어떤 상황이어서 일 처리를 못 하시는 거죠?"

이처럼 정확하게 나의 상황은 물론 왜 그 일을 나에게 부탁할 수밖에 없는 상황인지 상대방이 말하게끔 전달한다. 이렇게 반응하면 상대방은 '이 사람은 무조건 도움 주는 사람이 아니구나. 이 사람에게 부탁하려면 이 사람의 상황과 나의 상황을 정확하게 고려해야겠다'라고 인식한다.

또한 나중에 일을 도와주게 되었을 때는 '이렇게 바쁜 사람인데도 불구하고 시간을 내어 도와주고 있다'라고 인식하고, 같은 도움을 주더라도 그 도움의 가치를 더 높게 느낄 것이며, 도움을 준 사람의 이미지는 더욱 좋아질 것이다.

이것을 심리학에선 '멘탈 어카운팅(Mental Accounting)'

이라고 하는데 '심리적 회계'나 '마음의 회계'라고 쓰기도 한다. 각자 마음속에는 회계장부에 빗댈 만큼 주관적 프레임이 있으며, 돈과 관련 선택은 이 프레임의 범위에서 이뤄진다는 뜻이다.

이와 관련한 예화를 소개한다.

어느 날 회사에서 문자 메시지가 왔다. '이번 분기 회사 이익이 많아서 성과금으로 100만 원씩 드리겠습니다.' 순간 너무나 행복할 것이다. 그런데 2분 뒤에 '오류가 있었습니다. 잘못된 문자입니다. 성과금은 없습니다.' 이때 당신의 마음은 어떨까? 사실 물리적으로 당신의 통장에는 이득도 손해도 없었다. 하지만 여러분의 심리적 회계에는 100만 원이 들어왔다 2분 만에 날아갔다. 그래서 힘이 빠지고 회사에 대한 원망이 생길 것이다.

결국 회사원들의 반발에 못 이겨 회사는 전 직원들에게 30만 원씩 입금해 주기로 한다. 그런데도 직원들은 30만 원에 대한 고마움은커녕 못 받은 70만 원을 아쉬워할 뿐이다. 바로 이것이 멘탈 어카운팅이다.

또 다른 예로, 배가 너무 불러서 거북한 느낌까지 들 때 15만 원짜리 수제 햄버거가 눈앞에 있다. 귀하게 느껴질까? 반면 3일 동안 다이어트를 한다고 탄수화물은 입도 못 대었다. 마침 다이어트가 끝났고 먹어도 되는 날이다. 그런데 눈앞에 1,500원짜리 편의점 햄버거가 있다. 아마 배부른 상태의 15만 원짜리 수제버거보다 훨씬 값어치가 있고 맛있을 것이다.

어쩌면 내가 정말 어떤 사람인가 보다 주변 사람들이 나를 어떤 사람으로 인식하느냐가 더 중요한 게 사회생활일지도 모른다. 매번 작은 선택이 그 사람의 월급이 되는 프리랜서의 경우는 더욱더 중요할 것이다. 결론은 사람이 느끼는 감정은 상대적이라는 것이다.

나도 처음에는 심리적 회계 원리를 모르고 주변 사람들에게 무분별하게 도움을 줬다. 개인 인스타그램을 키우면서 릴스에 대한 공부를 많이 했고, 실제로 조회수도 잘 나왔다. 제작하는 게 재미있기도 해서 주변의 친한 형을 몇 번 공짜로 도와줬다. 물론 형의 계정은 잘 되었고 팔로워도 많이 늘어났다.

그런데 어느 순간, 형은 내 도움을 당연하게 여기고, 고마워하지도 않으며, 내가 바빠서 도움 주지 못할 땐 "민성아, 네가 열심히 도와줘야지. 요즘 왜 안 도와줘?"라고 말하며 마치 자신의 계정이 잘 안되는 이유를 나 때문이라고 생각하는 듯했다. '이건 나의 잘못이었구나' 생각한 나는 형에게 단호히 말했다.

"형, 제가 형 촬영 감독이에요? 제가 보고 싶어서가 아니라 촬영해달라고 연락하는 것 같아요. 하지만 저는 촬영 감독이 아닙니다. 게다가 형 촬영을 도와주느라 제 계정에 신경을 못 쓰고 있습니다. 앞으로 릴스 촬영은 안 해드리는 게 좋을 것 같아요.

어떤 식으로든 제게 연락하시면, 또 릴스 촬영해달라는 연락으로 제가 오해할 것 같습니다. 혹시 제게 계속 릴스를 의뢰하고 싶으시면, 정식으로 비용을 지불하시는 게 맞는 것 같습니다."

이렇게 냉정하게 말하니 그 형과의 관계도 지속되고, 다른 사람의 일을 도와주느라 나의 일을 못 하는 일 또한 사라졌다.

사람은 본래 관계든 일이든 문제가 발생하는 걸

싫어한다. 그래서 상대방의 부탁을 거절하기 힘들고, 그 거절을 거부하며 죄책감을 느낄 때도 있다. 그러나 냉정히 말하면 바쁜 사람에게 상대방의 상태를 고려하지 않고 자기 일을 떠넘기는 사람의 잘못이지, 그 부탁을 들어주지 못하는 사람의 잘못이 아니라는 것을 인식해야 한다.

결국 상처받고 만만해지는 건 착한 사람들이다. 나는 앞으로 '착한 이기주의자의 삶'을 살기 위해 불편한 거절을 마다하지 않기로 했다. 당신도 그러기를 바란다.

*

삶의 문제 중 절반은 너무 빨리 '예'라고 말하는 것과 적절한 시기에 '아니요'라고 말하지 않는 것 때문에 일어난다.

_조시 빌링스(Josh Billings)

03.

주변에 게 같은 사람을 멀리하라

어부들은 게를 잡으면 뚜껑이 없는 양동이에 넣는다고 한다. 게가 기어 나와 도망가면 어쩌나 싶지만, 불가능하다고 한다. 만약 도망가려고 기어오르는 게가 있으면 다른 게가 못 도망가게 아래에서 잡아당긴다. 다시 다음 게가 기어오르면 아래 있던 게가 또 다시 끌어당긴다.

서로 협력하면 탈출할 수 있는데도 불구하고 먼저

나가겠다고 하면 결국 다 같이 죽음을 맞이하는 것이다. 그래서 어부들은 안심하고 게를 뚜껑 없는 양동이에 보관한다. 이것을 심리학에서는 '크랩 멘탈리티(Crab Mentality)'라고 한다. 쉽게 말해서 '내가 할 수 없으면, 너도 할 수 없어'라는 심리 현상이다.

만약 당신이 성공하고 싶다면, 당신 주변에 이런 게 같은 사람들을 멀리해야 한다. 남이 나보다 잘되는 꼴을 못 보는 옹졸한 사람, 내가 못 하는 걸 네가 하는 건 인정할 수 없다는 치졸한 사람이 많을수록 당신의 삶은 어려워진다.

다른 예로 당신이 동물원이나 '라쿤 카페'에 갔다고 가정하자. 두 마리의 라쿤이 있는데 한 마리는 그냥 앉아있고, 다른 한 마리는 특이하게 손을 들고 있다. 둘 중 어느 라쿤에게 시선이 갈까? 아마 손을 든 라쿤에게 더 시선이 가고, 먹이도 줄 것이다.

이렇게 단순히 튀는 행동을 하는 것만으로도 무언가 더 주고 싶고, 특별해지는 게 사람의 심리이다. 어쩌면 이런 것이 퍼스널 브랜딩과 개인 마케팅의 시작일 수 있다. 그런데 대한민국 사회에서는 직장이나 조직에서 새로운 시도를 하면 이렇게 말한다.

"왜 저렇게 나대?, 재가 하면 나도 해야 하잖아, 물 좀 흐리지 마." 이처럼 내가 못 하는 건 다른 사람도 못 해야 한다는 문화가 암암리에 깔려있다. 마치 '게 같은' 반응처럼 서로 못 나가게 끌어당기는 문화 때문에 정말 하고 싶은 도전이 있어도 시작조차 못 하는 사람도 있을 것이다. 또 이미 비싼 돈과 시간을 투자하여 요즘 배우고 있는 것들을 당당하게 SNS에 올리고 싶지만, 못 올리는 사람도 있을 수 있다.

나는 신입 쇼호스트 시절 학점은행제로 심리학 학사학위 취득을 준비하고 있었다. 내가 공부하고 있다는 게 스스로 너무 뿌듯했고, 중간에 포기하지 않기 위해 SNS에 공부를 시작했다는 내용을 게시했다. 심리학에는 '공개선언 효과'라는 게 있는데, 목표를 선언하면 실현하는 확률이 올라가는 현상을 말한다.

모두가 보는 곳에서 나의 목표를 말하면 심리적으로 더 이상 물러설 곳이 없어지기 때문이다. 그런데

모 선배가 회사에서 나를 보더니 "요즘 심리학 공부하시던데, 방송 공부는 안 하시나 봐?" 말하고 지나갔다. 마치 개인 공부를 하느라 회사 일은 등한시한다는 듯이 말이다.

당시 나는 연차가 얼마 안 된 쇼호스트였고, 선배의 비아냥거리는 이야기를 들은 내 멘탈은 흔들릴 수밖에 없었다. 시간이 훌쩍 지나고, 나의 SNS에 목표를 적어두었던 게시물을 7년 만에 다시 봤더니 그 선배가 남긴 댓글이 있었다. '이 목표 이루지 못한다는 것에 내 손모가지를 건다'라고.

나는 그 댓글을 보고 7년 뒤인 지금 웃을 수 있었다. 결국 목표를 이루었기 때문이다. 그 선배의 댓글이 나의 마음에 불을 지핀 것이다.

사람은 하지 말라고 하면 더 하고 싶어지는 '청개구리 심리'가 있다. 절대로 해서는 안 된다는 말을 듣거나 반대하는 상황에서 오히려 더 하고 싶어지는 자연스러운 현상이다. 쉽게 말해 '절대 들어가지 마시오' 팻말이 있는 곳에는 어린아이들이 무조건 들어가고, '수영금지' 팻말이 있는 강가에서는 꼭 익사 사고가 일어나는 이유이다.

당신의 주변에도 자기가 못 하면 다른 사람도 못 하게 하는 사람이 있는가? 그렇다면 오히려 내가 목표를 이룰 수 있게 만드는 긍정의 에너지로 전환해서 사용하라. 물론 쉬운 일은 아니다. 하지만 당신의 눈앞에 빨간색이 있어야만 빨간색을 떠올릴 수 있는 게 아니지 않는가? 눈앞에 빨간색이 없어도 당신은 지금 당장 빨간색을 떠올릴 수 있듯이, 주변에서 하지 말라는 반응을 보인다면 '청개구리 효과'를 바로 활용할 수 있다.

그러나 청개구리 효과로 '게 같은' 부정의 여론을 긍정의 에너지로 바꾼다 해도, 자꾸 옆에서 부정적인 기운을 보내는 사람들이 있다면 결국 지칠 수도 있다. 당신의 내면에서 열의에 찬 신호가 온다면, 당신의 목표에 최선을 다해 노력하라.

또한 스스로 생각해 보자. 동종 업계에서 함께 일하는 사람들, 경쟁자는 아니어도 당신의 성과를 평가하는 사람들, 또는 고객의 눈에는 당신이 어떻게 보일까? 당신이 노력하는 게 눈엣가시로 보일까?

아니면 특별함으로 보일까? 당신이 남들과 다르게 시도하는 특별한 노력은, 당신의 생각보다 빠르게 좋은 결과를 안겨줄 것이다.

*

꿈을 이루지 못한 사람들은 "나는 재능이 없었어"라고 말한다. 꿈을 이루지 못한 이유가 재능이 없었다는 것이라면, 꿈을 이룬 사람들은 모두 "재능이 있었다"라고 말해야 맞지만, 성공한 사람 중 그런 말을 한 사람은 한 명도 없었다. 꿈을 이룬 사람들은 "정말 하고 싶었던 일을 열정을 가지고 계속했을 뿐"이라고 말한다.

_기타가와 야스시(Yasushi Kitagawa)

04.

완벽하게 준비될 때까지 기다리지 말라

내가 가장 듣기 싫어하는 말이 있다. "한 가지라도 좀 제대로 해." 이런 말을 들을 때마다 매번 생각했다. '왜? 여러 가지를 하면 안 되나?' 나는 어떤 것이든 뭔가를 시작하면 금방 싫증을 느낀다. 게다가 집중력도 떨어진다. 그래서 내가 선택한 공부법은 많은 것을 돌아가면서 계속하는 것이다.

예를 들면 영어 공부를 조금 하다가 일본어 공부

를 하고, 유럽 역사를 공부하다가 방송을 준비한다. 그러다가 인스타그램 릴스 트렌드를 분석하고, 유튜브 편집 트렌드도 분석한다. 물론 나의 쇼호스트라는 직업 특성상 다방면으로 얕게 알아도 된다는 생각에 맞아떨어져서 가능한 것일 수도 있다.

그러나 지금의 내 지식은 절대로 얕지만은 않다. 이런 공부 방식의 기간이 길어지면 길어질수록 내 지식은 더욱 깊어졌다. 또한 다른 사람에 비해 공부나 일에 대한 지속성도 길어졌으며, 지금까지 훨씬 더 많은 일을 꾸준하게 하고 있다.

나는 무엇이든 완벽하게 준비하지 않는다. 사람은 뭔가를 시작할 때 결코 완벽하게 준비할 수 없다는 걸 깨달았기 때문이다. 대신 준비하고, 고민할 시간에 곧장 시작한다. 나의 외국어 실력은 완벽하지 않다. 그런데 완벽하지 않기에 영어와 일본어를 프리토킹한다. 물론 엉터리 실력이다.

하지만 생각해 보라. 여행 관광지에서 그들은 나에게 물건을 팔아야 하니 내 이야기를 들어야 하고, 나는 그들에게 물건을 사고 돈을 주는 손님이다. 그들은 내가 어떻게 말하든 나의 엉터리 언어를 알아듣고자 노력할 것을 알기에, 나는 큰 불편함 없이 외국어를 구사한다. 또 당연히 실력과 상관없이 주눅 들지도 않는다.

이런 원리는 다른 모든 곳에서도 적용된다. 이 원리만 제대로 이해하고 당신이 환영받는 곳에만 가면 된다. 물론 일과 관련된 곳은 선택의 제한이 있겠지만 무엇을 배우거나, 취미활동을 하거나, 여행을 가는 등 내 돈을 쓰는데, 내가 갈 곳을 스스로 정하는 게 당연한 것 아닌가? 그냥 내가 환영받을 곳에만 돈을 쓰면 된다. 그래서 나는 최대한으로 많은 취미, 많은 공부, 많은 일을 한다.

그리고 내가 한 가지 직업만 있었더라면 잘될 때는 모든 게 좋았겠지만, 만약 일이 잘 풀리지 않는다면 그 한 가지 일에 집착하고 좌절했을 것이다. 결과적으로 나답지 못한 행동을 했을 것이며, 악순환은 길어졌을 것이다.

내가 하고 싶은 말은 준비될 때까지 기다리지 말

라. 지금 당장 시작하라. 이런 나의 주장에 대해 '책임감 없다', '그렇게 가볍게 해서는 하나도 못 한다'라고 반문할 수 있다. 그 질문에 나는 이렇게 답한다.

깊이? 어차피 '챗 GPT'가 해주지 않나? 전문성? 물론 중요하다. 이제는 모든 지식이 상향 평준화될 것이다. 그러니 우리가 앞으로 나아갈 길은 전문성보다 AI가 할 수 없는 영역인 '휴먼 터치(Human Touch)', 즉 사람을 이해하는 것이다.

그리고 당신이 무슨 일을 시작했다고 가정해 보자. 혼자 일할까? 아니다. 프리랜서라 할지라도 누군가와는 협력해야 한다. 그러면 내가 여러 준비를 하는 것도 중요하지만, 함께 일하는 상대방이 어떤 것을 원하고 준비하는지 파악하고, 그에 걸맞게 준비하는 게 훨씬 더 중요한 것이다. 그러므로 고민하지 말고 당장 시작하라는 것이다.

심리학에서는 '속해 있는 집단이 많을수록 좋다'고 한다. 정확하게는 준거집단(Reference Groups)이 많을수록 좋다. 준거집단이란 당신의 사고방식에 영향을 주는 집단을 말한다. 가령 학교라는 준거집단은 교우관계를 좋게 해야 한다는 사고방식에 영향을 준다. 또 회사라는 준거집단은 회사 내규를 잘 따라야 한다는 사고방식에 영향을 준다.

보통 이런 준거집단이 적은 사람일수록 사회성이 떨어질 확률이 높다. 가령 '책 한 권만 읽은 사람이 가장 무섭다'라는 말처럼 한평생 군대 생활만 하며 여가 활동은 거의 하지 않은 사람이 친목 모임에 나갔다고 생각해 보자. 그곳에서 너무 자유분방한 사람을 만나거나 군인의 규율과 반대되는 사람과 어우러질 수 있을까?

준거집단에 소속한다는 개념은 성공이나 실패의 개념이 아니기 때문에 다양한 준거 기준을 경험할 수 있고, 다양한 소속 인원을 만날 수 있으며, 문제가 생겨도 대처하기가 쉽다고 한다. 즉 너무 많은 준비와 생각을 하느라 많은 준거집단을 경험해 보지 못하는 것도 손해이며, 나의 무한한 가능성을 경험하지 못하는 것도 손해이다.

어차피 세상에 완벽한 것은 없다. 설령 도전했다가 실패했다고 하더라도 도전에서 실패한 것이지 인생에 실패한 것이 아니다. 그러니 한없이 도전하라. 당신의 가능성이 어디까지 뻗쳐 있는지 확인하기 위해서라도.

*

당신은 살아있다. 행동하라. 인생의 과제와 윤리적 책임은 그리 복잡하지 않았다. 완전한 문장이 아닌 몇 단어로도 표현할 수 있었다. '보아라, 들어라, 선택하라, 행동하라'처럼.

_바바라 홀(Babara Hall)

05.

뭘 해도 잘 안 될 것 같을 때 해결 방법

'죽기 전에 못 먹은 음식이 생각날까? 못 이룬 꿈이 생각날까?' 정말 유명한 말이다. 결국 사람은 마지막 순간에 후회한다. '부모님이 살아계실 때 효도할걸', '건강할 때 건강 지킬걸', '한 살이라도 젊을 때 도전할걸'. 우리는 왜 이런 후회를 할 수밖에 없을까? 여러 가지 이유가 있지만 '내가 지금 가고 있는 길이 나에게 행복을 가져다줄 거라는' 자기 확신이 부족해서인 경우가 많다.

여기에서 가장 중요한 건 '나에게 행복을 가져다줄 거라는'이란 전제다. 대부분의 사람들은 어떤 일을 도전하기에 앞서 '이 일을 도전하면 나에게 엄청난 금전적인 여유나 큰 성공을 가져다줄까?'라는 관점으로 다가가기 때문에 도전을 못 하는 경우가 많다. 무엇인가 하고 싶은 일을 도전했을 때 결과의 표본을 돈이나 성공으로 한정 짓는다면 그 어떤 도전도 시작하기 힘들 것이다.

그래서 나는 도전의 결과에 대한 표본을 '행복'으로 대폭 넓히기 시작했다. 나의 부모님도, 주변 사람도 아닌 오직 나의 행복을 위해서 도전하고 시작하는 것이다. 그러면 정말 무엇이든 간단하게 시작할 수 있다. 설령 중간에 일이 잘 안되더라도 '지금 도전하지 않았으면 평생 하고 싶고 생각났을 거야', '도전하는 과정 동안 정말 행복했어' 이렇게 무조건 행복할 수 있는 결론을 만들 수 있으니 도전이나 시작이 두렵지 않았다.

그리고 가끔 내가 가고 있는 방향이 맞는지 스스

로 확신이 서지 않을 때, 뭘 하지 못하겠다는 생각이 들 때도 있을 것이다. 무엇을 할 때 그 행동이나 대상이 좋은 방향인지 아닌지를 판단하려면 첫 느낌이 아니라 '끝 느낌'만 보면 된다.

나에게 좋은 결과를 안겨준 일들은 대개 처음은 좋지 않았고, 끝에 기분이 좋은 일이 찾아왔다. 반대로 나에게 좋지 않은 결과를 준 경험은 처음이 좋고, 끝에 결과가 좋지 않았다. 예를 들어 몸에 좋은 운동을 할 때 하기 전엔 세상 하기 싫다. 하지만 하고 나면 어떤가? 또 몸에 안 좋은 라면을 먹을 때는 기분이 정말 좋다. 먹고 나선 기분이 어떤가?

이렇듯 나의 선택의 방향이 올바른지 잘 모르겠을 땐 첫 느낌이 아니라 마지막 느낌을 보면 되는 것이다. 여기서 나만의 기준이 있다. 무엇을 시작할 때 첫 느낌이 좋거나 나쁘거나 상관없이 일단 무조건 시작한다. 그런데 그 일을 하고 나서 중간중간 끝 느낌이 좋지 않으면 그 즉시 중단한다. 그 일에 대한 평판이나 전망, 후기가 아무리 좋다고 하더라도 나와 맞지 않는 건 지속 가능한 노력이 나올 수 없다는 증거다.

나 스스로가 미련이 남지 않는데 어떻게 진득한 노력을 할 수 있겠는가. 반면 시작이 꽤 힘들고, 고민되더라도 끝 느낌이 좋다면 계속해서 그 노력을 이어갈 수 있다. 가령 연습이나 운동하러 가기 싫더라도 억지로 이어간다. 물론 시작도 좋고, 끝도 좋은 일이 있다면 금상첨화(錦上添花)겠지만, 그런 일은 내 경험상 정말 수많은 일을 도전하고 포기해 봐야 찾을 수 있다. 혹은 영영 못 찾을 수도 있다.

나 같은 경우는 정말 많은 일에 도전하고 쉽게 포기를 했다. 그 결과 나에게 시작도 끝도 모두 설레는 쇼호스트라는 직업을 가질 수 있게 되었다. 그렇다고 지금 시작과 끝 모두 좋은 일만 하는 것은 아니다. 나의 또 다른 직업인 작가는 매력적인 직업이지만, 시작할 때는 매우 안 좋다. 오늘은 쉬고 싶다. 오늘만큼은 글을 쓰고 싶지 않다. 하지만 원고를 출판사에 보내고 나면 그 하루는 너무나도 행복하다.

나의 첫 책인 《지금 당장 포르쉐를 타라》도 처음 쓸 때는 정말 몇 번이고 그만두고 싶었다. 하지만 출

간하고 난 뒤 하루에도 천 번 이상은 네이버에 내 책을 검색하면서 독자들의 후기는 어떤지, 또 수정할 부분은 있는지 등을 살펴보며 매일 행복하고 뿌듯함을 느끼는 나날을 보냈다.

만약 당신이 '끝 느낌'은 좋은데 그 시작이 정말 힘들다면, 비교적 일을 쉽게 시작할 수 있는 나만의 노하우를 공유하겠다.

첫 번째는 정말 하기 싫을 땐 하지 말아라. 그냥 놀아라. 그냥 안 하고 싶은 것은 안 하는 게 낫다.

두 번째는 마감일을 정해라. 세상 모든 대학생이 리포트를 쓰는 힘은 마감 전날에서 오는 것이다. 이것을 심리학에선 '마감 효과'라고도 한다.

세 번째는 일을 끝냈을 때 보상을 상상하라. 그 상상은 유치하면 유치할수록 좋다. 나 같은 경우는 살을 빼러 운동갈 땐 내가 갸름해져서 이성들이 나에게 멋있다고 칭찬을 해주는 상상을 한다(유치해 보이지만 정말 큰 힘이 된다.).

책을 쓸 땐 내 책이 베스트셀러가 되어서 대형 서점의 인기 순위 1위를 달성하는 모습을 상상한다. 또

가끔 공공장소에서 독자를 만나 "혹시 김민성 작가님 아니세요? 함께 사진 찍어주세요"라는 장면을 상상한다. 힘든 일을 하고 마쳤을 때만 받을 수 있는 보상을 미리 당겨서 쓰는 것이다.

상상하는 데 돈 드나? 전혀 아니다. 마음껏 상상하라. 상상은 현실이 된다. 간절히 원하면 내 것이 된다. 이를 심리학에선 '피그말리온 효과(Pygmalion Effect)'라고 한다. 간절한 마음과 소망을 담아 열심히 노력하면 이루어질 수 있다는 것이다.

실제로 전쟁 당시 한 병사가 지독한 감기에 걸렸다. 의무병을 찾아가 약을 달라고 했지만, 이미 약이 떨어진 지 오래다. 극심한 고통에 시달리는 병사에게 의무병이 해줄 수 있는 건 아무것도 없었다. 의무병은 취사병에게 밀가루를 빌려와 약 봉투에 담은 후 아픈 병사에게 "가장 강력한 감기약을 가져왔습니다"라고 말하며 건넸다.

놀라운 건 아픈 병사는 그 밀가루를 먹고 씻은 듯이 나았다. 사람은 간절하게 원하면 이루어진다는 것이다. 이것은 앞에서도 말한 '자기충족적 예언'과

같은 맥락이다. 즉 스스로 행복하다고 생각하면 정말 행복해지고, 힘들다고 생각하면 정말 힘들어지는 것이다.

여기서 중요한 포인트는 내가 뭔가에 도전하거나 노력하는 이유가 무조건 성공하기 위함이 아니라 그 도전의 성공 여부와 상관없이 나에게 행복을 갖다줄 것이라 믿고 행동하는 것이다.

*

나는 매일 나 자신에게 두 가지 말을 반복한다. 그 하나는 '왠지 오늘은 나에게 큰 행운이 생길 것 같다'이고, 다른 하나는 '나는 무엇이든 할 수 있다'라는 것이다.

_빌 게이츠(Bill Gates)

06.

나 혼자라도 만족스러운 삶을 선택하라

프랑스의 철학자이자 작가인 장 폴 사르트르(Jean Paul Sartre)는 자신의 저서인 《실존주의는 휴머니즘이다》에 이런 말을 남겼다.

"인생은 B와 D 사이에 있는 C이다."

곧 인생이란 'Birth(탄생)'와 'Death(죽음)' 사이의 'Choice(선택)'라는 것이다. 삶은 선택의 연속이며, 지금 나의 모습은 수많은 나의 선택에서 비롯된다. 그만큼 선택은 나의 인생에 지대한 영향을 미친다.

그러면 '선택만 잘해도 성공한 인생을 살 수 있다'라는 것이다. 아주 단순한 이야기 같지만, 절대로 단순하지 않다.

세상에 가족도 친구도 없이 나 혼자만 살고, 내가 한 선택들이 나에게만 영향을 준다면 무엇을 선택하는 게 그다지 어려운 일은 아닐 것이다. 하지만 관계주의가 심한 대한민국에서는 작은 것 하나라도 선택하는 게 너무나도 힘들다.

예를 들면, 대한민국은 음식 하나 시키기도 쉬운 일이 아니다. 내가 내 돈 내고 먹는 밥을 시킬 때도 상대방에게 "넌 뭐 시킬 거야?"라고 물어본다. 이렇게 물어본다는 것 자체가 상대방의 메뉴에 따라서 나의 메뉴 선택에 영향을 받을 수 있다는 뜻이고, 실제로 영향을 받기도 한다.

예전엔 더 심했다. 팀원끼리 회식을 하거나 회식이 아닌 매일 먹는 점심을 같이 먹으러 갔다고 치면 팀장님이 먼저 고른 메뉴를 보고 팀원들은 우르르 따라 시켜야만 했다. 물론 회삿돈인 법인카드를 쓰는 경우였겠지만, 법인카드가 회삿돈이지 팀장의 돈은 아니다(물론 이런 문화는 지금은 많이 사라졌다 믿고 싶다.).

이렇듯 대한민국에서는 사람의 3대 욕구인 식욕을 충족시킬 때마저 옆 사람의 눈치를 보며 선택해야 하고, 혹시나 나의 선택이 타인에게 줄 영향에 대해서도 고민해야 하는 구조인지도 모른다. 그래서 우리는 주변 눈치를 보느라 무엇을 선택하는 게 그동안 힘들었을 것이다.

이렇게 주변 눈치를 봐야만 하는 관계주의는 우리를 'PESM 증후군(정신적 과잉 행동인)'에 노출하게 한다고 생각한다. 즉 우리는 항상 새로운 뭔가를 생각해야 하며, 끊임없이 이어지는 생각을 통제하지 못한다. '정신적 과잉 행동인'은 단순히 상상력과 생각이 많은 게 아니다. 여러 생각이 시도 때도 없이 밀려들었다가 빠져버린다. 과한 생각과 공허함이 계속해서 오가는 것이다.

가장 큰 문제는 이런 정신적 과잉 행동을 자기 스스로 컨트롤할 수 없다. 중요한 일에 집중도 안 되고, 정작 내가 행복을 느껴야 할 행복한 순간에 행복을 느끼지 못할 정도로 생각이 과잉되는 것이다. 그러면 그 과잉되는 생각의 질이 과연 긍정적인 생각뿐일까? 대부분 부정적인 생각이 시도 때도 없이 밀려와 나를 괴롭힌다.

이러한 현상은 결국 나를 '나 답지' 못 하게 만든다. 나는 대한민국에 주변 눈치를 많이 봐야만 하는 이런 환경이 우리를 모두 정신적 과잉 행동인으로 만든다고 생각한다.

다음 체크리스트 중 4개 이상 해당한다면, 정신적 과잉 행동인이라고 의심해 봐야 한다.

(출처 : 채널A 〈오은영의 금쪽 상담소〉)

사소한 일에도 쉽게 예민해진다.	☐
생각이 꼬리에 꼬리를 물고 이어진다.	☐
뭔가를 잘못 선택한 날에는 밤에 잠이 오지 않는다.	☐
타인의 감정에 쉽게 영향을 받는다.	☐
자신의 가치나 자격에 대해 끊임없이 고민한다.	☐
활동적이지 않으면 불안하다.	☐
작은 결정을 할 때도 시간이 오래 걸린다.	☐

정신적 과잉 행동인 체크리스트

정신적 과잉 행동인은 생각이 많고 섬세한 탓에 주변 사람들에게 예민하고 까다로운 사람으로 오해받기 쉽다. 이런 현상은 더욱더 주변 사람들의 눈치를 보게 되고, 무엇을 선택해야 할 때 선택을 못 하게 만든다.

프랑스의 심리치료사이자 작가인 크리스텔 프티콜랭(Christel Petitcollin)은 정신적 과잉 행동으로 생각을 멈추는 게 힘들 때 극복하는 방법은 '생각을 정리하는 습관'을 기르는 것이라고 조언했다. 즉 머릿속 복잡한 생각을 집으로 비유하면 너저분하게 쓸모없는 물건들이 여기저기에 늘어져 있는 것이다.

사실 집안을 냉정하게 바라보면 4계절을 보내면서 한 번도 사용하지 않는 물건이 정말 많이 있다. 우리는 이 물건이 아까워서, 또는 귀찮아서 버려야 되는 걸 알면서도 버리지 못한다. 마찬가지로 생각도 곰곰이 정리해 보면, 나에게 일어나지도 않거나 내가 아직 생각할 필요 없는 생각들로 넘쳐흐른다.

필요 없는 물건을 인지하고 버리듯이, 일어나지 않을 일에 대한 생각과 나중에 고민해도 충분한 생각은 과감하게 버리거나 마음 한구석에 정리하라.

엄밀하게 말하면, 당신의 관계도 주변 사람도 중요하지 않다. 당신이 없다면 이 세상에 존재하지 않는 것들이다. 당신이 행복해야 주변 사람에게 행복을 줄 수 있으며, 당신이 불행하고 불안하다면 주변 사람에게 줄 수 있는 건 불행과 불안뿐이다. 너무 주변 사람을 신경 쓰느라 스스로 불행하고 불안한 삶을 선택하지 말라는 것이다.

그리고 좀 더 냉정해지자. 당신은 신(神)이 아니다. 그렇다면 금수저인가? 어차피 엄청난 능력이 있거나 돈이 많다고 해도 이 세상 모두를 행복하게 해줄 수 없다. 당신이 지금 아무리 고민해도 모두가 만족하는 최고의 선택은 이 세상에 없다.

그러니 복잡한 생각은 그만두고, 나 혼자라도 만족하는 선택만 하며 살아가자. 내 선택이 남에게 피해만 안 주면 되는 것이다. 사람은 스스로 행복한 선택을 해야 남에게 행복을 줄 수 있다는 것도 인지하자.

당신은 잘하고 있다. 이런 고민을 한다는 것 자체가 당신은 자신보다 남을 먼저 생각하고, 남에게 피해 주지 않는 선한 사람이라는 증거이다. 이제 당신 마음껏 하고 싶은 선택만 하며 살자. 당신이라면 어떤 선택을 하든 주변 사람들에게 행복함만 줄 것이다.

*

누군가에게 딱 맞는 신발이라도 다른 사람의 발은 아프게 할 수 있다. 모든 경우에 다 적용될 수 있는 삶의 비결이란 존재하지 않는 법이다.

_칼 구스타프 융(Carl Gustav Jung)

07.

당신은 아직 늦지 않았다, 당장 시작해라

사람은 살면서 스트레스를 피할 수는 없다. 피할 수 없다면 현명하게 관리해야 한다. 나는 가끔 스트레스를 해소하고 싶거나 문득 쉬고 싶을 때마다 가까운 일본으로 여행을 간다. 별다른 계획도, 비행기 티켓도, 숙소 예약도 없이 그냥 공항으로 출발한다. 그렇게 홀가분한 마음으로 비행기를 타고, 아무 걱정도 생각도 없이 떠나면 정말 힐링이 된다. 나만의 스트레스 해소법이다.

일본에 도착하면 난 주로 육류의 음식을 먹는다. 규카쓰, 야끼니꾸, 고기로 육수를 낸 라멘 등 내 머릿속에 일본은 고기를 정말 잘 다루는 나라였고, 당연히 일본은 오랜 세월 동안 육류를 활용한 요리를 만들어왔다고 생각했다.

그날도 일본에 도착한 나는 그냥 맛있어 보이는 고깃집에 들어가 맛있는 육류 음식을 먹었다. 그러다가 어차피 계획 없이 온 여행이고, 시간도 많이 남아서 일본 육류 요리의 역사에 대해서 검색해 보았다.

그런데 놀랍게도 일본은 육고기로 요리한 지 150년 정도밖에 되지 않았다. 675년 덴무 천황이 육식 금지령을 선포한 것이다. 이때부터 1872년까지 무려 1,200년 동안 일본은 육식하지 않았다. 모든 국민이 육고기를 먹지 않은 것이다. 그 증거로 옛 시대를 배경으로 한 일본 애니메이션이나 드라마를 보면 대부분 생선 요리만 볼 수 있다.

그렇다. 일본은 육류 요리를 시작한 지 150년 정도밖에 되지 않았다. 심지어 1,200년의 세월 동안 육식을 금지해 왔기 때문에 고기를 먹는 사람에 대한

혐오까지 생겼다. 1872년에 갑자기 육식을 허용했더라도 육식이 대중화되고, 육류 요리가 본격적으로 전파되기까지 긴 시간이 걸렸을 것이다. 그런데도 일본은 '육류 요리가 훌륭한 나라'로 기억되고 있다.

나는 이것을 깨닫고 한국에 오자마자 그동안 머릿속으로만 생각하던 책 쓰는 일을 당장 시작했다. 그렇게 나온 첫 책이 《지금 당장 포르쉐를 타라》이다. 사실 이전에는 '평생 무용만 해온 내가 어떻게 글을 쓰겠어', '인지도도 없는 내가 글을 쓴다고 누가 읽어줄까?' 이런 걱정에만 둘러싸여 책 쓰는 걸 시도조차 못 했다.

에이브러햄 링컨(Abraham Lincoln)은 "당신이 쓰러진 것에는 관심이 없다. 거기서 다시 일어섰는가에만 관심이 있다"라고 말했다. 나 또한 일본이 1,200년 동안 육식을 금했는지 몰랐다. 그냥 일본은 육류 요리가 맛있다는 것에만 관심 있었을 뿐이다.

마찬가지로 사람들은 내 전공이 무엇인지, 내가 책을 처음 쓰는지 여러 번 썼는지 관심 없다고 생각했다. 단지 당장 시작하고, 내가 쓴 글의 퀄리티만 생각하면 되는 것이다. 놀랍게도 이렇게 시작한 나의 첫 책은 경제경영 분야 8위까지 올라갔다(교보문고 기준).

만약 내가 '너무 늦게 시작했고, 한 번도 책을 써보지 않았으며, 별로 대단한 사람이 아니다'라는 생각에 빠져 스스로 포기해 버렸다면, 이런 결과가 나올 수 있었을까? 그렇다. 언제, 어떻게 시작했느냐는 중요하지 않다. 어떻게 기억되느냐가 중요한 것이다.

어쩌면 당신의 '지금 현재'가 나중에 돌아오고 싶을 만큼 특별한 지점일 수 있다. 당신 삶의 소중한 것을 지금 하지 않으면 도대체 언제 할 것인가? 지금 당장 시작하라.

*

아이디어는 세상을 바꾸는 소중한 자산이고, 적절한 준비는 매우 중요하며, 지식과 지혜는 위대한 성취를 추구할 때 근본이 되는 중요한 요소다. 그러나 아이디어도, 준비도, 지식과 지혜도 '행동' 없이는 무용지물이다.

_로버트 링거(Robert Ringer)

CHAPTER 5

새로운 시작을
앞둔 당신,
'새로운 나'를 찾아라

01.

중요한 건 꺾이지 않는 마음이다

2022년 카타르 월드컵에서 대한민국은 12년 만에 16강에 진출했다. 그 중심에는 안와골절이라는 큰 부상에도 '마스크 투혼'을 펼친 대한민국 축구 대표팀의 주장 손흥민이 있었다. 그는 16강 진출의 원동력에 대해 이렇게 말했다.

"우리가 흔들렸다면 경기장에서도 흔들리는 모습을 보였을 것이다. 어려운 상황에서도 이겨낼 수 있었던 원동력은 끈기였다. 그동안 준비 과정을 잘해 왔기 때문에 발휘되었다고 생각한다."

또한 그 힘든 포르투갈전에서 역전승을 거둔 후 선수들이 '중요한 건 꺾이지 않는 마음'이라는 문구가 적힌 태극기를 관중석에서 건네받아 흔드는 모습은 아직도 내 기억 속에 강하게 남아있다.

나는 지금 이 글을 쓰면서도 소름이 돋고, 짜릿한 전율이 흐른다. 얼마나 멋진 말인가? 우리의 마음은 하루에 수백 번 수천 번도 더 꺾인다. 사실 '꺾이기 때문에 마음이지 않을까'라는 생각도 든다. 그런데 어떠한 상황에서도 마음만 꺾이지 않으면 해낼 수 있다는 사실을 축구 대표팀이 보여준 것이다.

이러한 모습은 스포츠 현장에서만 보이는 게 아니다. 수도 없이 멘탈이 흔들리는 영업 세일즈 현장은 물론 수많은 사건에 연루될 수 있는 연예계 등 '중꺾마(중요한 건 꺾이지 않는 마음)'가 미치는 영향은 다양하고 광범위하다.

'꺾이지 않는 마음'을 심리학에선 '그릿(Grit)'이라고 한다. 이 개념을 제안한 미국의 심리학자 앤절라

더크워스(Angela Duckworth)는 "그릿은 열정과 목표를 향해 오래 나아갈 수 있는 끈기를 의미한다"라고 말했다.

그릿을 지닌 사람이 탁월한 성과를 얻을 확률이 높다고도 이야기하는데, 실제 연구 결과에 의하면 힘든 훈련을 견디고 끝까지 살아남는 육군 생도와 스펠링비(Spelling Bee) 대회 우승자에게서 찾아볼 수 있는 공통점은 지능이 아닌 그릿, 즉 목표와 꿈을 향한 열정과 집념이었다고 한다.

1950년대 하버드대학과 존스홉킨스대학의 생리심리학자였던 커트 리히터(Curt Richter) 박사는 쥐들을 물속에 빠트려 얼마나 오래 살아남는지 실험했다. 먼저 사육된 쥐 12마리로 실험했는데 3마리는 몇 분 만에 물에 잠겨 죽었고, 9마리는 헤엄치며 40~60시간을 살아남았다.

그다음 야생 쥐 34마리를 실험했는데, 놀랍게도 야생성에 대한 기대와 달리 15분 이상 살아남은 야생 쥐는 단 한 마리도 없었다. 야생 쥐들이 쉽게 생존을 포기한 이유는 무엇일까? 리히터 박사는 '사육된 쥐들은 인간에게 도움받은 경험이 있다'라는 것에 주목하여 '희망이 있으면 더 오래 살아남을 것'이란 가설을 세웠다.

마지막으로 다시 쥐들을 물에 빠트린 후 헤엄치던 쥐들이 지쳐 포기하려는 순간 건져내 회복할 시간을 주었다. 잠시 후 다시 물에 빠진 쥐들은 이전보다 훨씬 오래 살아남기를 시도했다. 즉 같은 개체이지만, 처한 여건에 따라 생존 시간의 차이가 났다.

리히터 박사는 '죽음은 신체적인 요소보다 심리적인 요소와 더 밀접하다'라고 결론 내렸다. 갑작스럽게 이유 없이 찾아오는 죽음에는 삶의 의지를 못 느끼고 포기해 버린다. 반면 조금만 버티면 누군가 구해줄지 모른다는 작은 희망이 생존하기 힘든 상황에서도 쥐가 끝까지 헤엄치게 만든 것이다.

그렇다. 당신이 지금 포기한다면, 당신 능력의 10%도 발휘하지 못할 것이고, 모든 것을 희망적으로 여기며 포기하지 않는다면 당신의 능력의 120% 이상을 발휘할 수 있을 것이다. 모든 건 여건이 아니라 마음먹기에 달려있다.

나 또한 모든 생방송이 완벽한 것은 아니다. 힘든 방송도 있고, 방송 전부터 힘들 걸 예상하고 시작하는 방송도 많다. 그럴 때마다 나는 속으로 '중꺾마'를 외친다 왜? 첫째, 돈이 안 든다. 둘째, 효과가 뛰어나다. 셋째, 주변 사람들에게 희망과 힘을 주는 사람으로 인식된다. 나쁠 게 하나도 없다.

사람은 포기하는 순간 핑곗거리를 찾고, 하려고 하는 동안은 방법을 찾기 마련이다. 어차피 회사 안은 전쟁터이고, 회사 밖은 지옥이다. 오늘도 습관처럼 외치자. 중요한 건 꺾이지 않는 마음이다. '중꺾마!'

*

현재의 성공에 만족한다면, 그 만족감이 언젠가는 실망감과 불만으로 다가올 것이다. 삶을 지속하는 유일한 방법은 완수할 과업을 가지는 일이다.

_고든 올포트(Gordon Allport)

02.

성공하고 싶다면 하고 싶은 것만 해라

나는 일 년에 정말 많은 곳에서 페이를 받는다. 프리랜서로 많은 일을 하며 받는 대가니 당연하다. 이제는 한 달에 몇 군데에서 페이를 받는지 세는 것을 포기했다. 내가 여러 곳에서 돈을 받는다는 건 다른 이들의 부러움 받는 좋은 것이기도 하지만, 그만큼 남들에 비해 엄청나게 노력해서 많은 일을 한다는 것이다.

사람들은 종종 내게 묻는다. '아니 언제 쉬세요?', '안 지치세요?' 나에게는 절대 지치지 않는 비결이 있다. 모든 일을 하고 싶은 것만 하는 것이다.

내가 지금 하는 일 중에서 억지로 하는 일은 단 하나도 없다. '언제 일 끝나지?', '집에 가고 싶다.', '시간 진짜 안 간다' 이렇게 생각되는 일은 나는 과감하게 하지 않는다. 정말 끝나버릴까 조마조마하며 아껴보는 웹툰이나 드라마를 보듯이 즐겁고 설레는 일만 한다.

생각해 보라. 온종일 집에서 보고 싶은 드라마만 보는 데 지치겠는가? 물론 하나만 하면 지칠 수 있다. 그래서 나는 하고 싶은 일 여러 개를 한다. 안 좋게 말하면, 너무 많은 일을 많이 해서 질릴 새가 없다. 하지만 나는 이것을 지친다고 표현하지 않는다. 설렘이라고 표현한다.

중고등학교와 대학교 내내 무용을 전공하며 나의 머릿속에는 '무용을 하면서는 절대 돈을 벌 수 없구나', '사람은 자기가 하고 싶은 일을 하며 돈을 벌 수 없구나'라는 생각이 지배적이었다. 그래서인지 모르겠지만, 나는 내가 하고 싶은 일을 하며 돈을 벌 수만 있다면 무엇이든 행복했다.

만약 당신이 지금 지쳐 있다면, 하고 싶은 일을 해 보아라. 분명 당신만의 취미가 있을 것이다. 그런데 그게 일이라면 어떨까? 지금 당신이 하는 일은 왜 하게 되었는가? 전공을 따라 취업하다 보니까? 그나마 전공이랑 비슷해서? 얼떨결에 취업해서? 어떤 이유가 있는가? 당신은 출근할 때마다 설레는가?

진정한 성공이란 아침에 깨어났을 때, 오늘 할 일에 설레어 눈을 뜨는 것이다. 명예도, 돈도, 권력도 다 좋다. 하지만 나는 설렘이 가장 좋다. 이것이 현자(賢者)들이 말하는 '돈은 자연스럽게 따라온다. 그러니 돈을 따라가지 말라'는 이야기인지 모르겠다.

또한 설레는 일을 할 때는 지치지 않으며, 지치지 않는다는 건 '지지 않는 것'과 같다. 잘 알지 못하고 떠드는 남의 말에 지치지 않으면, 지지 않는 것이다. 잘 안 되는 일에 지치지 않으면, 지지 않는 것이다. 너무나도 힘든 관계에 지치지 않으면, 지지 않는 것이다. 당신 스스로 즐겁고 설레는 일을 한다면, 당신은 영원히 지치지도, 지지도 않을 것이다.

*

'어쩔 수 없지, 뭐'라는 생각으로 자신을 바라보라. 바로 이것이 자신의 약점이나 콤플렉스에서 벗어날 수 있는 첫걸음이다.

_히로카네 겐시(Kenshi Hirokane)

03.

도전에 실패했다고 모든 것에 실패한 게 아니다

사람들은 오해한다. 무슨 일에 도전했다가 실패하면 인생도 함께 실패하는 것이라고. 나 또한 그랬다. 그래서 과감하게 도전하지 못했고, 내게 맞지도 않는 일을 '지금까지 해 왔다'라는 이유만으로 질질 끌며 계속해 나아갔다. 아무런 즐거움도 없고, 어떤 설렘도 없었다.

그러던 어느 날, 《역행자》의 저자이자 평소 친분이 있는 자청 형님에게 《클루지》라는 책을 추천받았다. 책의 내용을 간략하게 정리하자면, '클루지

(kluge)'란 인간이 진화하면서 더는 쓸모없는 것까지도 갖고 살아가는데, 이것들이 생각의 오류를 일으킨다는 개념이다.

예를 들면 과거 설탕을 구하기 힘들 때 살던 사람은 생존을 위해 본능적으로 설탕을 많이 섭취했다. 이제는 설탕이 필요하면 정말 쉽게 구할 수 있어서 많이 먹지 않아도 생명에 위협을 느끼지 않지만, 과거부터 있었던 생각의 오류가 계속 설탕을 먹게 만든다는 것이다. 결국 현대인들의 비만을 만든 게 바로 클루지이다.

우리가 무엇인가 쉽게 도전을 못 하는 것도 클루지 때문이다. 과거에는 호기심이 많고 도전적인 사람의 생존율이 떨어졌다. 진화심리학에서는 '저 동물을 사냥해 볼까?', '이건 뭐지? 그냥 먹어볼까?', '저곳에 한번 가보자!' 이렇게 도전적인 사람은 글과 기록이 발달하지 않은 시대에는 생존하기 힘들었을 것이라고 예상한다.

반대로 호기심이 없고, 도전을 꺼리는 사람들은 생존해 있는데, 그것이 현재 우리라는 것이다. 즉 우리는 모두 '도전하면 죽는 시대'의 생각이 그대로 이어져서 생각의 오류에 갇혔고, 결국 '새로운 도전을 하면 마치 죽을 것 같다'라는 걱정을 하게 되었다는 것이다.

그러나 생각해 보자. 당신이 내일 이직을 한다고 죽을까? 아니면 유튜브를 시작한다고 생명에 위협을 느낄까? 전혀 아니다. 우리는 이런 생각의 오류 때문에 도전을 못 하고 있었을 뿐이다. 나는 이 사실을 깨닫자마자 바로 책을 쓰기 시작했다.

쉬운 여정은 아니었지만 바로 시작한 덕분에 나의 첫 책은 경제경영 분야 8위를 달성했고, 스스로 이만한 성과를 낸 것에 놀라움과 감사함을 느낀 동시에 내 무모했던 도전의 보상이라고 여겼다.

물론 나의 무모한 도전이 모두 성공한 것은 아니다. 하지만 자신이 원하는 성공을 이루기 위해 수많은 일에 수천 번 도전하고 실패하는 게 비일비재한 현실이다. 그렇다면 실패가 두려워 도전에 주저해야 할까? 그럴수록 더 도전해야 한다. 때로는 무모함이 주저함보다 좋은 결과를 만들어낸다.

나는 예전에 소방관이 되고 싶어서 소방공무원 책

을 샀다가 한두 장 펼쳐보고 '이건 내 길이 아니구나' 생각되어 바로 접었다. 또 어느 날에는 자격증이 있어야 뭔가 마음이 편할 것 같아서 비싼 공인중개사 강의를 덜컥 결제했다가 '기부 천사'가 되었다. 그러면 난 실패한 인생일까? 모든 건 과정이다. 수많은 도전과 실패, 그리고 포기한 끝에 나에게 맞는 일과 설레는 일을 찾을 수 있었다.

실패를 두려워할수록 인생은 악순환일 뿐이다. 실제로 실패를 걱정하면 실패할 확률이 올라간다. 이를 심리학에선 '월렌다 효과(Wallenda Effect)'라고 하는데, 일의 결과에 지나치게 걱정하면 정상적으로 실력 발휘를 하지 못하는 심리 상태를 말한다.

월렌다 효과는 미국의 유명한 고공 외줄 공연가인 칼 월렌다(Karl Wallenda)의 마지막 공연에서 유래했다. 1978년, 73세의 나이에 월렌다는 마지막 공연 후 은퇴하기로 한다. 그런데 그는 73세가 될 때까지 단 한 번의 실패도 없었지만, 마지막 공연에서 처음으로 외줄에서 떨어져 죽음을 맞이했다.

이 사건을 조사하는 과정에서 그의 아내는 "남편이 나가기 전에 '이번 공연은 진짜 중요해. 실패가 없어야 해'라고 끊임없이 말했다"라고 전했다. 그런데 평소 그는 공연 전에는 줄을 잘 타는 것 말고는 아무것도 신경 쓰지 않았다고도 덧붙였다.

그렇다. 만약 월렌다가 마지막 공연에서도 와이어를 타는 것 외에 실패에 대한 두려움을 걱정하지 않았다면 무사히 공연을 마쳤을지 모른다. 이 사건 이후 심리학자들은 심리적 압박을 크게 받으며 끝없이 걱정하는 상태를 '월렌다 효과' 또는 '월렌다 심리 상태'라고 불렀다.

당신도 뭔가를 시도하기에 앞서 실패를 두려워하는가? 그렇다면 결코 실패를 두려워하지 말라. 월렌다처럼 실패라는 결과를 걱정할 시간에 내 앞에 놓인 사소하고 작은 문제들에 집중하자. 그리고 하나하나 해결해 나아가자. 그런데도 실패했다면 상관없다. 우리는 수천 미터 위에서 목숨 걸고 고공 외줄타기를 하는 것도 아니며, 선사시대에 호기심 있게 새로운 동물을 잡으러 가는 것도 아니다. 설령 실패해도 죽지 않는다.

최대한 많이 도전해서 많이 실패할수록, 그 실패는 나에게 맞는, 스스로 설렘을 느끼는 일로 데려다준다(지금 안 맞는 일에 집착하지 않고, 또 새로운 일을 시도하게 될 테니). 그러므로 인생은 아름다워진다. 절대 도전에 실패했다고 해서 모든 것이 실패한 게 아니다. 단지 다이아몬드가 되어가는 과정일 뿐이다.

자, 이제 무섭고 두려운 외줄에서 내려와라. 그리고 당장 눈앞에 해결할 수 있는 작은 것들부터 집중해 보자.

*

위대한 삶을 만드는 데 돈이나 운은 필요하지 않다. 빠르고 강력하게 두려움을 물리치는 능력이 필요할 따름이다. 불과 마찬가지로 두려움은 멀리해야 할 대상이 아니다. 오히려 반대다. 당신은 두려움을 행동에 연료를 공급하는 원천으로 삶에서 활용해야 한다.

_그랜트 카돈(Grant Cardone)

04.

오히려 대충 살아야 성공할 수 있다

어느 순간부터 나는 대충 살기로 마음먹었다. 사실 과거의 나는 무척 예민한 사람이었다. 어느 정도였느냐, 누군가 살짝 던진 말 한마디에 하루가 송두리째 무너지고, 크게 상관없는 말들에 휘둘리고, 또 휘둘렸다. 지금 되돌아보면 당시 내게 못된 말을 한 사람은 내가 휘둘리는 모습을 보며 즐겼던 것 같다. 그렇게 못된 사람들은 시간도 많았다. 모임에 빠지는 일 없이 나와서 나의 온 신경을 예민하게 만들곤 했다.

세계적인 베스트셀러 《영혼을 위한 닭고기 스프》에는 이런 말이 나온다.

"내가 인생을 다시 살 수 있다면, 훨씬 더 많은 실수를 저지르리라. 좀 더 바보가 되고, 모든 일을 심각하게 생각하지 않겠다."

나는 정말 큰 충격을 받았다.

'세계적인 베스트셀러 작가가 이런 말을 했다고? 언행을 조심하는 게 아니라, 오히려 더 막 살 거라고?'

그리고 이런 생각을 하게 된 계기가 되었다.

'나는 왜 완벽할 수도 없는 내 인생을 완벽하게 살려고 노력했지? 내가 너무 인생을 진지하게 사나?'

당신은 어떤가? 내 인생을 너무 완벽하게 살기 위해 진정한 나를 못 만나고 있지 않은가? 혹은 나에 대해 제대로 알지도 못하는 누군가가 생각 없이 던진 한마디에 하루를 송두리째 무너뜨리고 있지 않은가? 예전에 어느 설교에서 들은 예화가 떠오른다.

어떤 마을에 한 목사가 살았다. 과거 젊은 시절, 그

는 결혼한 지 얼마 안 된 시기에 정말 적은 액수의 급여를 받았다. 그 급여마저 십일조(급여의 십분의 일을 교회에 헌납함)를 하고 남은 돈으로 생활했다. 신혼 시절이 지나고 어느 정도 삶이 안정됐을 때 그의 아내가 말했다.

"여보, 10년 전에 주인집 김장을 도와줄 때 씻고 떨어진 배추를 쌈이라도 싸 먹으려고 가져오는데 주인집 사모님이 '그건 왜 가져가요? 돼지 먹이려고?'라고 농담을 던졌어요. 그땐 정말 서러웠어요."

아내의 말을 들은 목사는 이렇게 답했다.

"만약 10년 전에 지금 이야기를 들었다면, 나는 당장 목사를 때려치웠을 거예요."

이 예화는 나에게 두 가지 중요한 가르침을 주었다. 첫 번째, 농담이나 힘든 이야기도 시간이 지나면 아무렇지 않을 수 있다. 속상한 이야기도 때를 봐서 나누어야 한다. 두 번째, 쓸데없는 사람이 한 이야기에 속상해도 안 되는데, 그럴 의도로 하지 않은 이야기에는 더욱더 상처받으면 안 된다.

항상 주위에는 자신의 상황보다 주변의 소식에 더 귀 기울이는 사람들이 있다. 예를 들면 쇼호스트 준비생 중에 오늘 나의 연습량은 어땠고, 실력은 어느 정도 늘었으며, 어떤 점을 보충해야 하는지 고민해도 모자랄 시간에 누가 어떻고, 누구는 어떻고, 누가 어떻게 다니고 있고, 누가 어떤 옷을 입었고, 누가 어떻게 해서 사이가 안 좋고 등 주변 소식을 수집하는 사람들이 있다.

물론 지피지기 백전불태(知彼知己 百戰不殆), 적을 알고 나를 알면 백 번 싸워도 백 번 위태롭지 않을 것이다. 하지만 이건 나의 싸움과 전혀 상관없다. 피아(彼我)를 구분하고, 나의 목표와 방향에 집중해야 한다. 그리고 이런 시시한 주변 소문 따위 차라리 아무것도 모르는 바보 멍청이가 되는 게 속 편하다.

좀 더 대충 살아도 된다. 더 정확하게 말하면 아무 필요 없는 주변 자극에 대충대충 반응하고, 나의 삶에만 집중하면 된다.

*

최악의 상황에 빠져 있음에도 불구하고 그것을 자신과 분리해서 볼 수 있는 능력은 오로지 인간만이 가지고 있다. 인간으로 존재한다는 것은 곧 그것과 다른 어떤 것을 지향한다는 것을 의미한다.

_빅터 프랭클(Viktor Frankl)

05.

무기력에서 벗어나는 4가지 방법

누구나 살다 보면 무기력증에 빠져 일상생활의 어려움을 겪을 때가 있다. 무기력증은 일상생활에서 즐거운 감정이나 동기부여, 관심과 열정이 부족한 상태를 말한다. 흔히 말하는 게으름도 무기력증의 전조일 수 있다. 한 조사에 따르면 직장인 중 90.3%가 무기력증을 느낀다고 한다.

특히 코로나19 이후 무기력 상태를 호소하는 이들

이 많아졌다. 문제는 무기력 상태가 일상화되면 우울증으로 이어질 수 있다는 것이다. 먼저 자신의 상태를 파악한 후 실행하면 도움받을 수 있을 것이다(필요하다면 전문가와 상담하여 문제를 해결하는 것이 좋다.).

다음의 〈무기력증 자가진단표〉를 통해서 무기력증 증상의 여부를 알아보라.

1. 자주 나른하고 무기력한 기분이 든다.	☐
2. 일상생활에서 관심이나 열정이 부족하다고 느낀다.	☐
3. 일상적인 활동이나 취미에 대한 흥미가 줄었다.	☐
4. 일을 시작하거나 끝내는 것이 어렵다.	☐
5. 식욕이 없거나 더 많이 먹는다.	☐
6. 수면이 부족하거나 과도하게 자고 싶다.	☐
7. 청소나 정리 등의 활동을 안 하게 된다.	☐
8. 내 감정이나 생각을 솔직하게 표현하지 않는다.	☐

9. 집중력이 부족하고 기억력이 떨어진다.	□
10. 우울감과 불안감이 지속된다.	□

무기력증 자가진단표

이 중 5개 이상의 항목에 해당하면 무기력증 증상을 보일 가능성이 있다(이 자가진단표는 전문적인 의료진의 진단을 대체하지 않는다.). 무기력증의 원인이 다양한 만큼 이를 극복하는 효과적인 방법도 개인마다 다를 수 있다. 하지만 일단 뭐라도 시작하면 '자이가르닉 효과(Zeigarnik Effect)'가 작용한다.

자이가르닉 효과란 완성된 일보다 중단했거나 실수한 일을 더 잘 기억하는 현상을 뜻하는 심리학 용어다. 예를 들어 당신이 뭔가 할 일이 남았을 때 그것을 잊지 못하고 계속 찜찜한 기분을 느낀 적이 있을 것이다. 이것은 우리의 뇌가 일단 시작한 것을 끝내려는 경향 때문에 일어나는 것이다.

다음에 제시하는 4가지 방법을 실천하며 무기력

증에서 벗어나길 바란다.

첫째, 일단 움직여라.

다 알고는 있지만 쉽지 않으며, 쉽게 실행 못 한다. 하지만 시작이 정말 반이다. 계획을 아주 쉽게 세워라. 너무 완벽을 추구하는 사람은 무기력해지기 쉽다. 하루에 무조건 1시간씩 유산소를 할 필요는 없다. 하루에 유산소를 5분만 해보자. 아무리 힘들어도 할 수 있다.

나는 매일 아침 5분씩 유산소를 한다. 너무 쉽다. 그래서 실패하지 않는다. 아무리 전날 술을 많이 마셔도 어차피 5분만 뛰거나 걷다 들어오면 되기 때문에 실행력이 엄청나게 상승한다. 그리고 침대에선 정말 죽을 것 같다가도 막상 나가면 1시간을 채우고 오는 경우가 많다. 안 하는 것보다 5분이라도 하는 게 무기력을 벗어나는 데 효과적이다.

둘째, 작은 성공이 필요하다.

앞에서 5분만 뛰거나 걷는 것을 목표로 해보라고

말했다. 성공 또한 습관이다. 너무 어려운 목표를 정해서 계속 실패하면 나도 모르게 계속해서 '실패하는 사람'이라고 스스로 되뇌고 인정하게 된다. 높게 뛸 수 있는 능력이 있는 메뚜기도 작은 병에 넣어두면 뛸 수가 없다. 그런데 병을 제거한 뒤에도 병에 갇혀있을 때 높이밖에 못 뛴다는 건 이미 다 알고 있을 것이다.

이것을 심리학에선 '자기효능감(Self-Efficacy)'이라고 한다. 자기효능감은 자신이 성취하고자 하는 목표를 실현할 능력과 자신을 믿는 능력이다. 기억하라. 실패도 습관이고, 성공도 습관이다. 계속해서 성공의 습관이 몸에 배도록 작은 성공을 이어가라.

셋째, 인생에는 루틴이 필요하다.

프로야구를 보면 몇몇 선수들은 자신만의 루틴이 있다. 타석에서 공을 칠 준비를 하면서 자기 헬멧 냄새를 맡는 선수가 있는가 하면, 자신만의 특별한 동작을 하는 선수도 있다. 당신도 당신만의 루틴이 있을 것이다. 고기를 먹을 땐 고기만 먹는다든지, 꼭

밥과 고기를 같이 먹는다든지 등 저마다의 루틴이 있다. 그 루틴은 나도 모르게 내가 어떤 행위를 할 때, 나를 더 나답고 편안하게 만든다.

무기력에서 벗어나는 방법의 하나는 '수면 루틴'을 만드는 것이다. 예를 들어 스케줄이 없는 쉬는 날에도 늘 일어나는 시간에 일어나라. 연인 사이도 몸이 멀어지면 마음도 멀어지듯이, 정말 마음은 몸을 따라간다.

나도 매일은 못하더라도 수면 루틴을 지키려고 노력한다. 수면 루틴이 깨지면 무기력해지기 십상이다. 예를 들어 3교대 근무를 하는 보안요원이나 간호사들처럼 불규칙한 시간에 근무하는 분들이 낮에 아무리 잠을 자도 개운하지 않고, 잔 것 같지 않은 기분이 드는 것도 수면 루틴이 깨져서 그렇다.

넷째, 나 스스로 칭찬하라.

칭찬은 고래도 춤추게 한다는 말이 있다. 하지만 우리 주변은 칭찬에 인색한 경우가 많으며, 사람에 따라 칭찬받는 게 쉽지 않다. 그럴 땐 나 스스로 칭찬해 줘라. 타인이 욕하면 가장 먼저 듣는 사람이 자신이듯, 칭찬도 가장 먼저 듣는 사람은 바로 나 자신이다.

실제로 자신에게 하는 칭찬은 큰 효과가 있다. 앞서 말한 '자기충족적 예언' 때문이다. 유명한 스포츠 선수가 중요한 경기, 절체절명의 순간에 '난 최고야. 할 수 있어'를 되뇌면서 극적으로 원하는 결과를 얻어내는 경우도 있다. 이렇게 스스로 자신을 칭찬하는 것은 큰 노력과 비용이 들지 않고서도 무기력에서 벗어날 수 있는 정말 좋은 방법이다.

*

변화를 위한 첫 번째 단계는 인식이고, 두 번째 단계는 수용이다. 성공을 원하는 것만으로는 충분하지 않다. 성공하겠다는 목적의식을 가져야 한다.

_나다니엘 브랜든(Nathaniel Branden)

06.

이걸로 상대방의 미래를 쉽게 예측할 수 있다

뇌신경학자들이 우리 뇌에 있는 신경 구조를 연구한 결과 '언어 중추 신경이 모든 신경을 지배한다'라는 사실을 발견했다. 예를 들어 어떤 사람이 나에게 부정적인 말이나 상처 주는 말을 하면, 스스로 수동적인 수긍이나 부정적인 자아를 만드는 것이다. 즉 부정적인 말을 듣고 그렇게 인지하면, 그 말대로 내 몸이 따라간다. 이렇듯 말은 중요하다.

그런데 부정적인 사람들은 우리 삶 곳곳에서 볼 수 있다. 학교나 직장에서, 함께 속한 조직이나 공동체에서, 심지어 가족과 친인척 중에도 존재한다. 사실 내 주변에도 매사에 부정적이고 남을 욕하는 사람들이 있다. 하지만 나는 그들을 미워하진 않는다. 단지 그들도 모르게 서서히 멀리한다.

거의 모든 사람은 좋은 이야기보다 안 좋은 이야기에 더 끌린다. 심리학에선 그 이유를 인간이 진화하면서 갖게 된 '부정 편향성(Negativity Bias)' 때문이라고 한다. 부정 편향성이란 좋은 일보다 나쁜 일, 위험한 일에 더 많이 신경 쓰는 것을 말하는데, 원시시대 우리 조상들이 생존을 위협하는 상황에 대비하던 본능이 여전히 우리 유전자에 남았다고 한다.

나도 사람이라 부정적인 이야기가 재미있다. 강 건너 불구경이 가장 재미있다는 우스갯소리가 괜한 말이 아니듯, 그들의 뒷담화에 웃을 때도 있다. 그러나 이것은 가끔 가는 놀이동산 같은 곳일 뿐, 절대로 그들과 가까이 지내거나 내 측근으로 만들지 않는다. 그들과 서서히 거리를 둘 뿐이다.

그런데 그들이 내게 악영향만 주는 건 아니다. '저렇게 행동하면 정말 외로워지겠구나', '나는 저렇게 하면 절대 안 되겠구나'라는 경각심을 불러일으켜 준다. 또 한 가지, 나는 그들을 지켜보면서 흥미로운 경험을 했다. 바로 '남을 욕하는 사람'과 '부정적인 말을 하는 사람'의 미래를 예측할 수 있게 되었다.

먼저 '남을 욕하는 사람'의 미래는, 당신과의 관계가 조금이라도 틀어졌을 때(예를 들면 당신 앞에서 누군가를 욕하는데, 당신이 동의하지 않거나 부정했을 때), 분명 다른 곳에 가서 당신을 욕할 것이다. 또는 당신이 경쟁자가 되거나 자신의 이득에 해가 된다고 생각된다면 가차 없이 당신을 깎아내릴 것이다.

상대방이 없는 곳에서 상대방을 욕한다는 건 자기 스스로 열등감과 자격지심(自激之心)을 느낀다는 걸 표현하는 것이다. 이런 사람은 성공을 위해 스스로 노력하는 게 아니라, 주변 사람들을 깎아내려 자신을 돋보이게 한다. 그래야만 자신이 성공할 수 있다고 믿는 사람들이고, 지금까지 그렇게 살아왔을 확률이 높다.

'부정적인 사람'에 대한 미래 예측은 좀 더 정확도가 높아진다. 예를 들어 당신이 그 사람과 함께 길을 걷는데 몸이 엄청 좋은 남자가 지나간다. 만약 그 사람이 '저 남자는 분명 제대로 운동만 하지 않았을 거야. 약을 먹었거나 부정적인 방법을 선택했을 거야'라는 식으로 말한다면, 장담컨대 그 사람은 절대로 그 남자만큼의 몸까지 못 간다.

또한, 좋은 집에 사는 연예인이나 친구들의 SNS를 보고 '이거 사기꾼일걸? 아니면 월세일걸? 자기 집 아닐걸? 곧 망할걸?' 이렇게 말하는 사람도 역시 그 정도의 좋은 집에 살지 못한다. 마찬가지로 동창회에 나가서 성공한 친구를 만났는데 칭찬은커녕 이렇게 말하는 사람도 있다.

"결혼 잘했나 봐?", "재가 예전부터 아부는 잘했지", "분명 뭔가 잘못된 방법으로 성공했을 거야", "당연히 불법적인 일 아니겠어?", "뒤가 구릴 거야." 이런 식으로 말하는 사람도 반드시 그 사람의 위치까지 절대 못 올라갈 것이다.

자신의 경쟁자이든 선망의 대상이든 그 대상의 존

재와 노력을 부정한다면, 내가 그 정도 위치까지 올라갈 수 있는 최소한의 가능성마저 스스로 없애버리는 것이기 때문이다.

이것은 '질투심'이 원인이다. 내가 지켜봐 온 결과에 따르면, 스스로 질투심을 자제하는 사람은 좋은 집에 살고, 단기간에 몸을 좋게 만들며, 주변에 성공한 사람이 있으면 질투심을 최대한 억누른 상태에서 그 사람을 칭찬할 뿐만 아니라, 최대한 다가가 그 사람의 노하우를 배우려 한다.

그러나 실패하는 사람은 나보다 잘 살고 성공한 사람을 순간적으로 부정한다. 이것을 심리학에선 '방어기제(Defense Mechanism)'라고 한다. 쉬운 예를 들어보자. 당신은 회사에서 10년 정도 근면 성실하게 일하며 최근에 간신히 전세자금 대출을 갚았다. 차는 준중형 국산이고, 이제 나의 삶을 살아보려고 기지개를 켜고 있다.

그러던 어느 날, 26살 신입사원이 포르쉐를 타고 출근한다. 순간 당신의 뇌에선 포르쉐를 타고 출근하는 그 26살 신입사원을 부정해야만 나의 존재가 성립되기 때문에 그를 시기하고, 질투하고, 괜히 미워하는 것이다.

이런 방어기제는 자연스러운 것이지만, 자제하지 못한다면 그 26살 신입사원이 젊은 나이에도 포르쉐를 타는 노하우를 가져올 수 없고, 당신도 그와 같은 방법으로 포르쉐를 탈 기회는 사라질 것이다.

반대로 그 신입사원을 모든 사람이 멀리하고 존재를 부정할 때, 당신이 따뜻하게 다가갔다고 생각해 보자. 말 그대로 회사 대표의 아들일 수도 있고(물론 예를 든 것이다), 본인만의 투자 정보가 있을 수 있으며(그래도 투자는 신중하게 하라), 회사 대표의 아들이 아니더라도 내가 오랜 시간 노력해도 얻을 수 없는 자신만의 부를 쌓는 엄청난 노하우가 있을지도 모르는 것이다.

설사 없다 하더라도 포르쉐가 있는 26살의 내 편이 생기는 것 아니겠는가? 이렇게 나도 모르게 발동되는 질투심인 방어기제를 인지하는 것만으로도 나에게 많은 이득을 준다.

내가 부정적이고 남을 뒤에서 욕하는 사람과 거리

를 두는 이유는 나 스스로 경각심을 갖기 위해서다. 매일 옆에서 그들을 보며 '나는 저렇게 하지 말자' 다짐하면서 나의 성장에 거울로 삼으려는 것이다. 주변에 좋은 사람만 두는 것이 베스트이다. 하지만 그것은 프리랜서인 나도 힘들고, 직장인들은 더더욱 이 불가능할 것이다.

그렇다면 그들과 최대한 거리를 두되, 거리 두는 것조차 힘든 상황이라면 차라리 옆에 두고 경각심을 갖자. 그들은 어떤 방식으로든 나에게 가르침을 준다.

*

미래는 언제나 불확실하며 결과는 예상을 빗나가게 마련이다. 그렇다고 짐승처럼 모든 것을 운명에 내맡겨서는 안 되며, 늘 이성의 판단에 따라야 한다. 잘못된 충고를 받아들여 좋은 결과를 얻는 것보다 나쁘더라도 올바른 판단에 따라 행동하는 것이 더 큰 만족을 준다.

_프란체스코 구이차르디니(Francesco Guicciardini)

07.

실행력을 높여 목표를 달성하는 방법

많은 사람이 새해를 맞이할 때마다 목표를 세우고 실패하길 반복한다. 매년 다이어트, 운동, 외국어 공부 등을 다짐하지만 이내 '기부 천사'가 되곤 한다. 나도 해마다 기부 천사가 되는데, 사람의 실행력을 높이는 방법은 '매년 새해가 오지 않는 것'이라는 말이 있을 정도니 그만큼 실행은 어렵다.

어차피 이번에 실패해도 '내일은 내일의 태양'이

뜨기 때문에 사람들은 '내일부터 하자, 다음 달부터 하자, 내년부터 하자' 이런 식으로 미룬다. 이게 바로 새해 다짐의 함정이다. 그렇다고 새해를 없애 버릴 순 없으니, 미친 듯이 실행력과 목표 두 가지를 높이는 방법을 소개한다.

사람은 '목표'에 따라 실행력이 달라진다. 목표를 높게 설정하면 실패할 확률이 급격하게 올라가고, 너무 목표를 낮게 설정하면 실행력은 올라가도 그에 대한 결괏값이 만족스럽지 못하다. 나도 27살 신입 쇼호스트 시절에 가장 많이 한 고민이 '언제까지 실행력을 위해 낮은 목표 설정만 해야 하는 걸까?'였다. 그렇다. 나는 무한대로 성공하고 싶은 사나이였다.

그럴 때 아주 좋은 설정 방법이 있다. 대개 사람은 물건을 10개 팔아오라고 하면 '주변 친구한테 팔면 되지'라고 생각한다. 굳이 좋은 옷을 살 필요도, 새롭게 공부할 필요도 없다. 그냥 친한 주변 사람에게 찾아가 부탁 아닌 부탁할 생각부터 할 것이다.

그런데 만약 물건을 100개 팔아야 한다면 생각이

달라진다. 주변 지인이 100명이 넘는다고 하더라도 다 성향도 다르고, 성별도 다르다. 과연 같은 물건 100개를 100명 모두 구매해 줄까? 그때부턴 외모도 가꾸고, 화법도 정리하며, 타인을 만날 준비를 할 것이다. 혹은 네이버 스마트 스토어나 쿠팡 등 인터넷 사이트에 입점시킬 공부를 시작할 것이다.

그러면 10,000개를 팔아야 한다면 어떻게 할까? 바로 아마존에 입점하는 방법부터 알아보려 할 것이다. 이게 바로 사람이다. 목표에 따라 계획이 달라지고, 실행하는 노력의 질이 달라진다. 여기서 문제는 '실행력'이다. 앞서 다루었듯이 목표의 질이 올라감으로써 실행력이 급격하게 줄어들고, 포기할 확률 또한 급격하게 올라간다.

이럴 땐 궁극적인 목표는 높게 잡되, 그 궁극적인 목표를 이루기 위한 세부 목표를 먼저 잡아서 '실행력'을 올리고, 그 목표를 이루려는 노력의 방향과 질도 함께 올리는 것이다.

이것을 쉽게 이뤄내는 방법을 나는 신입 쇼호스트 시절부터 실행에 옮기기 시작했다. 바로 일본의 메이저리그 슈퍼스타 오타니 쇼헤이(Ohtani Shohei)가 실행한 만다라트(Mandal-Art, 목표를 달성하는 발상 기법)를 그대로 따라 한 것이다.

몸관리	영양제 먹기	FSQ 90kg	인스텝 개선	몸통 강화	축 흔들지 않기	각도를 만든다	위에서부터 공을 던진다	손목 강화
유연성	몸 만들기	RSQ 130kg	릴리즈 포인트 안정	제구	불안정 없애기	힘 모으기	구위	하반신 주도
스테미너	가동역	식사 저녁7숟갈 아침3숟갈	하체 강화	몸을 열지 않기	멘탈을 컨트롤	볼을 앞에서 릴리즈	회전수 증가	가동력
뚜렷한 목표·목적	일희일비 하지 않기	머리는 차갑게 심장은 뜨겁게	몸 만들기	제구	구위	축을 돌리기	하체 강화	체중 증가
핀치에 강하게	멘탈	분위기에 휩쓸리지 않기	멘탈	8구단 드래프트 1순위	스피드 160km/h	몸통 강화	스피드 160km/h	어깨주변 강화
마음의 파도를 안만들기	승리에 대한 집념	동료를 배려하는 마음	인간성	운	변화구	가동력	라이너 캐치볼	피칭 늘리기
감성	사랑받는 사람	계획성	인사하기	쓰레기 줍기	부실 청소	카운트볼 늘리기	포크볼 완성	슬라이더 구위
배려	인간성	감사	물건을 소중히 쓰자	운	심판을 대하는 태도	늦게 낙차가 있는 커브	변화구	좌타자 결정구
예의	신뢰받는 사람	지속력	긍정적 사고	응원받는 사람	책읽기	직구와 같은폼으로 던지기	스트라이크 볼을 던질 때 제구	거리를 상상하기

오타니 쇼헤이의 만다라트

계획1	계획2	계획3
계획4	목표	계획5
계획6	계획7	계획8

만다라트 기법의 예시

나는 만다라트의 한가운데 '대한민국 Only One 쇼호스트'라는 궁극적인 목표를 정하고, 그 목표로 가기 위한 세부 목표(비교적 이루기 쉬운 목표)를 설정한 후에 그 세부 목표를 이루기 위한 작은 목표(하루 유산소 20분 하기)들을 적어놓았다. 그러면 놀랍게도 '내 목표의 지도'가 되어준다.

만다라트를 보면서 지금 내가 잘 가고 있는지, 중간에 틀어지지 않았는지 등을 살펴보고, 설사 조금 잘못 가고 있더라도 비교적 빨리 바로잡을 수 있도록 인지할 수 있다. 혹은 전혀 다른 '새로운 플랜'이 나오기도 한다. 천재들이 나오는 영화나 눈에 보이지 않는 범죄자들을 잡아가는 영화를 보면, 벽에 목표를 붙여놓고 아직은 없는 답을 계속 상상하는 것처럼, 나의 꿈을 조각조각 맞춰나가는 것이다.

앞서 말한 것처럼 왜 우리는 매년 목표를 달성하지 못할까? 목표를 세우는 것만으로는 아무 의미가 없다. 큰 목표를 이룰 수 있는 세부적 목표와 그에 대한 실천 방법을 생각하지 못했기 때문이다. 중요한 것은 실행하는 것이다. 크고 거창한 목표보다는 실천할 수 있는 작은 목표부터 설정해 지금 당장 실행해 보라.

*

당신에게는 문제가 생겨야 한다. 당신에게 새로운 문제가 생기지 않으면, 당신은 행동력을 충분히 발휘하지 않은 것이다. 성공한 사람은 문제를 찾아 해결하고, 성공하지 못한 사람은 문제를 피하려고만 한다.

_그랜트 카돈(Grant Cardone)

08.

귀티 나는 사람들의 4가지 공통점

무엇을 결정할 때 그 대상이나 행동이 좋은지 나쁜지를 판단하려면 첫 느낌이 아닌 끝 느낌을 보면 된다고 앞장에서 말했다. 즉 나에게 좋은 건 처음에는 좋지 않아도 끝에는 기분이 좋다. 이렇듯 나의 선택이 올바른지 잘 모르겠을 때는 마지막 느낌을 보면 되는 것이다.

이것은 사람도 마찬가지다. 어떤 사람은 처음 만

나자마자 즐겁고 행복한 사람이 있다. 그런데 만남이 끝나고 잠들기 10분 전, 혹은 며칠 뒤 문득 기분이 나쁜 사람이 있다. 반대로 처음 만났을 때는 그다지 특별한 인상을 못 느꼈는데, 이후에 계속 만나고 싶고 생각나는 사람이 있다.

그런데 첫 만남부터 인상 깊으며, 그 후에도 계속 만나고 싶은 '귀티' 나는 사람들이 종종 있다. 귀티의 사전적 정의는 '귀하게 보이는 모습이나 태도'이다. 물론 외모도 큰 영향을 끼친다. 하지만 세상에 못생긴 사람이 어디 있겠는가. 단지 못난 사람만 있을 뿐이다.

귀티 난다는 건 외모만 뛰어난 게 아니라 그 사람의 성격과 태도까지 포함된다. 즉 귀티 나는 사람은 자신은 물론 상대방도 귀하게 여길 줄 아는 품격 있는 사람이다.

당신도 다음 4가지만 실천하면 '귀티 나는' 사람이 될 수 있다.

첫째, 상대방이 부끄러워할 수 있는 사적인 비밀에 호기심을 갖지 않는다.

예를 들어 '너 저번에 봤던 시험 합격했어?', '토익 점수 몇 점 나왔어?'처럼 상대방의 행복이 보장되지 않는데도 본인의 호기심을 채우려는 질문은 하지 않는 것이 좋다.

둘째, 남 욕할 시간에 팔굽혀펴기라도 한 번 더 한다.

남을 욕하는 것은 백해무익(百害無益)하다는 사실은 너무나 잘 알 것이다. 차라리 그럴 시간에 운동해서나 자신을 가꿔라.

셋째, 상대방이 당장 개선할 수 없는 문제점에 대해선 굳이 말하지 않는다.

예를 들어 상대방이 머리를 보라색으로 염색했다면 그 사람에게 '너 보라색으로 염색한 거, 진짜 별로야'라는 말은 절대 하지 않는다. 상대방에게 말해도 개선되지 않으며, 그 말을 한 본 당신조차 개선해 줄 수 있는 게 없기 때문이다. 오히려 상대방의 기분과 하루만 망칠 뿐이다. 차라리 지금 당장 개선할 수 있는 것만 조언해 준다. "지금 코털 삐져나왔어, 정리해야 할 것 같아", "뒤에 셔츠 빠져나왔다", "가방 지퍼 열렸어" 이런 식으로 말이다.

넷째, 상대방을 따뜻하게 감싸주는 말을 한다.

간혹 상대방을 웃기려고 누군가를 개그 소재로 쓰는 사람들이 있다. 그러고는 상대방이 기분 나빠하면 "뭐야, 웃기려고 그런 건데, 왜 그렇게 예민해?" 이런 식으로 몰아간다. 귀티 나는 사람들은 절대로 개그 소재로 타인을 활용하지 않는다.

'귀티가 난다'라는 건 비싼 옷을 입고, 상대방이 이해하기 어려운 높은 지식의 말을 하는 게 아니다. 내가 한 말 때문에 혹시 주변 사람들이 기분 나빠하거나 눈살을 찌푸리진 않는지 한 번 더 고민하고 배려하는 마음일지 모른다.

*

나에게 이로울 때만 남에게 친절하고 어질게 대하지 말라. 지혜로운 사람은 이해관계를 떠나서 누구에게나 친절하고 어진 마음으로 대한다. 어진 마음 자체가 나에게 따스한 체온이 되기 때문이다.

_블레즈 파스칼(Blaise Pascal)

09.

이것저것 생각하지 말고 그냥 시작하라

내가 가장 싫어하는 말이 있다. “생각하지 말고, 그냥 해!” 중고등학교부터 대학까지 무용을 전공할 때, 수직적인 선후배 사이에서 선배들이 나에게 하는 말이었다. “질문 좀 하지 말고, 그냥 해! 하라고!” 호기심이 많았던 나는 이 말이 정말 싫었다.

그런데 ‘생각하지 말고 그냥 하라’는 말이 심리학적으로 엄청나게 큰 힘이 있고, 당시 선배들이 무서

워서 그냥 따라 했던 것들이 지금 내 인생에 큰 도움이 되고 있다는 걸 뒤늦게 깨달았다.

우리의 뇌에는 전두엽이라는 부위가 있는데, '행동, 생각 의사결정' 등 담당한다. 우리 몸의 사령탑이라고 생각하면 이해가 빠를 것이다.

내가 말하려고 하는 것은 바로 '의사결정' 부분이다. 전두엽은 엄청난 에너지를 소모하며 매일 의사결정을 한다. 작게는 '오늘 점심은 뭘 먹을까?'부터 시작해서 이직에 대한 고민, 진로 문제, 배우자 선택 등 여러 가지 크고 작은 선택을 결정한다.

앞서 말했듯이 전두엽은 다양한 선택을 하면서 많은 에너지를 사용한다. 그런데 뇌의 에너지도 무한하지 않다. 즉 많은 고민과 선택을 한 사람은 그렇지 않은 사람보다 에너지 소모가 많고, 정도가 심해지면 그냥 포기해 버리거나 무기력해질 확률이 높다.

'책을 읽을까 말까? 친구를 만날까 말까? 운동할까 말까? 약속을 취소할까 말까?' 이러한 자잘한 고민은 뇌를 지치게 만들고, 결국 꼭 필요한 일까지 못하게 만든다. 그래서 우리는 에너지가 낭비되는 것을 예방하기 위해 나에게 도움이 되는 선택을 자동화시켜야 한다. 이것을 '루틴'이라고 하며, 우리가 루틴을 만들어야 하는 이유 중 하나다.

책을 읽는데 고민하지 말아라. 그냥 습관적으로 읽어라. 운동하러 갈 때도 고민하지 말아라. 그냥 루틴이 되어라. 그러면 우리는 더욱더 많은 분야에서, 많은 노력을 할 수 있고, 많은 성공을 이룰 수 있다.

절대 그러면 안 되지만, 가끔 운전하며 스마트폰을 할 때가 있을 것이다. 이유가 뭘까? 집에 가는 길이 너무나도 익숙해서 핸드폰을 할 여유가 생긴 것이다. 집에 가는 길이 루틴이 된 것이다. 갑자기 길을 잃어버리거나, 잘못 들어가는 등 선택에 필요한 에너지 소모가 적어서 여유가 생긴 것이다. 그렇다고 운전 중에 스마트폰은 절대 하지 말자.

중요한 건 남에게 피해 주지 않는 선에서 내가 하고 싶고, 해야만 하는 일을 생각만 하지 말고, 당장 시작하자.

*

그대가 할 수 있는 것, 아니면 '할 수 있다'라는 생각이 드는 것이라도 상관없다. 그런 일이 있다면 바로 시작하라.

_요한 볼프강 폰 괴테(Johann Wolfgang von Goethe)

에필로그

우리는 모두 세상에 하나밖에 없는 특별한 존재로 태어난다. 하지만 태어나면서부터 가정에 속하고, 학교와 회사 등 사회생활을 하면서 온갖 평범한 기준에 맞춰져 '보통의 사람'으로 만들어진다. '모난 돌이 정 맞는다(矗石逢釘)'라는 옛말처럼, 성격이든 능력이든 평범하지 않으면 남에게 미움을 받거나 좋지 않은 일이 생길 수도 있다.

그런데 지금 시대에 '정(釘)'은 오히려 기회일지도 모른다. 모나지 않으면 눈에도 띄지도 않고, 아무런 기회조차 주어지지 않는 냉정한 현실이기 때문이다. 그래서 우리는 오히려 주변을 의식하지 말고, 더욱 더 나다워져야 하는 것이다.

나의 이름 '김민성'에서 '민'자는 옥돌 민(玟)이다. 옥돌은 결대로 깎으면 정말 큰 값어치를 하지만, 결이 아닌 다른 방향으로 깎으면 바닥에 널린 돌보다도 값어치가 없을지 모른다. 그래서 나는 '남의 기준에 맞춰 살면 분명 보잘것없는 돌멩이가 될 것이고, 나의 결대로 나답게 살면 정말 아름답고 특별한 옥돌이 될 수 있다'라고 믿으며 나답게 살려고 노력했다.

나답게 산다는 건 확실히 쉬운 선택은 아니다. 더욱더 규칙과 기본을 잘 지켜야만 나답게 살 수 있다. 예를 들어 매일 지각하면서 회사에 자율 출근하겠다고 주장하거나, 냄새나고 TPO(Time, Place, Occasion)에 맞지 않는 옷을 입고 다니면서 자율 복장으로 출퇴근하자고 건의하는 사람이 있다면, 과연 그것이 '나다움'일까? 대한민국에서 나답게 산다는 건 그만큼 책임감이 따른다. 대신 확실히 남들과 다른 성과 또한 나온다.

사실 이 책의 제목이 뜻하는 건 '세상에 바꿀 수 있는 사람은 나밖에 없다'라는 의미다. 그러므로 어차피 바뀌지 않을 남을 신경 쓰지 말고, 내가 좋은 사람으로 바뀌자는 뜻이기도 하다.

이 책에는 내게 '좋은 영향'을 준 여러 인물이 등장한다. 그런데 솔직하게 말하면 내 인생에 정말 못되고 악질인 사람들이다. 하지만 내가 그들에게 피해만 당한 사람이고, 만약 복수만 생각했다면 지금의 내가 있었을까? 나를 힘들게 한 내 인생의 빌런들은 오히려 나를 더욱 빛나게 한다.

큰 정원에서 정원사가 정성스럽게 길러준 꽃과 아스팔트를 비집고 나와 악착같이 핀 꽃 중 어떤 꽃이 더 대단해 보이는가? 모든 것은 바라보기 나름이다. 살다 보면 크고 작은 좌절과 실수를 겪을 수밖에 없다. 하지만 그런 순간도 하나의 소중한 경험이라는 걸 깨닫는 날이 올 것이다.

'좋았다면 추억이고 나빴다면 경험이다.'

나는 나여야 한다.

나는 당신을 위해 나를 망가뜨릴 수 없다.

당신도 마찬가지로 그래야 한다.

당신이 있는 그대로의 나를 사랑한다면

당신의 삶은 더 행복해질 것이다.

모든 사람이 그런 것처럼

남을 위해 사는 건 쉽다.

당신은 당신을 위해 살아야 한다.

_랄프 왈도 에머슨(Ralph Waldo Emerson)

좋았다면 추억이고
나빴다면 경험이다

초판 1쇄 발행 2023년 9월 11일
초판 2쇄 발행 2023년 9월 18일

지은이 김민성

펴낸이 떠오름
기획 손힘찬
편집 권희중
디자인 당아
마케팅 고경표, 이민지
영업관리 떠오름

펴낸곳 ㈜떠오름코퍼레이션
출판등록 제2021-000002호(2020년 4월 28일)
주소 서울특별시 성동구 왕십리로 4길 23-1, 3층 301, 302호
전화 070-4036-4586 팩스 02-6305-4923
홈페이지 www.risebooks.co.kr
이메일 tteoreum9@nate.com

값 17,200 원

ISBN 979-11-92372-50-1 03190